PARA ONDE VAI A IGREJA?

Gerson Camarotti

PARA ONDE VAI A IGREJA?

Cinco cardeais brasileiros falam sobre o futuro da Igreja no Brasil e no mundo

---

Dom Orani Tempesta Dom Odilo Scherer
Dom Sérgio da Rocha Dom Cláudio Hummes
Dom Raymundo Damasceno

petra

Petra Editora
Rua Candelária, 60 — 7º andar — Centro — 20091-020
Rio de Janeiro — RJ — Brasil
Tel.: (21) 3882-8200 — Fax: (21) 3882-8212/8313

Os royalties da primeira impressão desta obra serão doados, pelo autor, ao Instituto Dom Hélder Câmara.

CIP-BRASIL. CATALOGAÇÃO NA PUBLICAÇÃO
SINDICATO NACIONAL DOS EDITORES DE LIVROS, RJ

P237

Para onde vai a Igreja?: cinco cardeais brasileiros falam sobre o futuro da Igreja no Brasil e no mundo / Gerson Camarotti... [et al.]. - 1. ed. - Rio de Janeiro : Petra, 2018.

ISBN 9788582781159

1. Catolicismo. 2. Igreja Católica - História. I. Camarotti, Gerson.

18-49254 CDD: 282.09
CDU: 272

Para Júnia e Tiago

Sumário

Nota do editor

Não se pode dizer que o formato do livro-entrevista, no âmbito da Igreja Católica, seja novidade. Já em 1982, São João Paulo II foi publicado em conversa relevante com o jornalista francês André Frossard, ao passo que são hoje célebres os três colóquios do alemão Peter Seewald com o Cardeal Joseph Ratzinger/Bento XVI: *Sal da terra*, *Luz do mundo* e *O último testamento*. A essa recente tradição deu continuidade Papa Francisco, cujo *Nome de Deus é misericórdia* registra seu diálogo com o vaticanista Andrea Tornielli e *O futuro da fé*, com o sociólogo Dominique Wolton.

O exemplo dos três últimos pontífices abriu caminho — e não poderia deixar de fazê-lo — para que conversas de outros nomes relevantes da hierarquia fossem igualmente transcritas em livro. Exemplos recentes e notáveis são o do Cardeal africano Robert Sarah, prefeito da Congregação para o Culto Divino e Disciplina dos Sacramentos (*Deus ou nada* e *A força do silêncio*), e o do Cardeal Gerhard Müller, ex-prefeito da Congregação para a Doutrina da Fé (*Informe sobre la esperanza*, ainda inédito em português).

É de surpreender, portanto, que no Brasil nada de fôlego tenha sido empreendido nessa esfera até aqui. E por duas razões: em primeiro lugar, porque não são nem um pouco desprezíveis as dimensões do catolicismo no país e sua relevância para a Igreja Universal, sobretudo em época que, sob a influência do Santo Padre, o mundo inteiro se volta com particular zelo para a Igreja da América Latina. Depois, porque a Igreja no Brasil sempre se caracterizou por ser especialmente "vocal", interessada tanto em fazer-se ouvir quanto em elaborar uma leitura toda própria da sociedade, dos problemas do mundo contemporâneo e do futuro da Igreja mesma, sendo, portanto, sinal dos possíveis rumos do catolicismo naquilo que lhe é possível flexibilizar: práticas pastorais, disciplinares etc.

Quando, certa feita, pude comentar com Gerson Camarotti quão grande era essa lacuna para a Santa Igreja, para o mercado dos livros e para o jornalismo, não poderia esperar que de sua cabeça viesse uma solução que se mostraria muito além da mera emenda de uma situação curiosa. Se eu lhe propunha a escolha de uma grande figura de nossa hierarquia eclesiástica, ele me ofertava cinco: Dom Cláudio Hummes, Dom Odilo Scherer, Dom Raymundo Damasceno, Dom Orani Tempesta e Dom Sérgio da Rocha. Desse modo, em lugar de oferecer-nos a voz de um só entrevistado, de limitar-nos a uma visão particular, talvez carregada de idiossincrasias, Camarotti conduz um coro de cinco vozes de peso e nos dá, assim, um retrato mais apurado, talvez o mais apurado que conseguimos até hoje, da situação e dos possíveis rumos da Igreja Católica, ao menos naquilo em que caberia às mãos humanas determinar.

Este livro decerto se tornará obra de referência para quem deseja compreender a Igreja Católica neste início de século XXI. Para além das questões controversas que calha de abordar, revela quão verdadeira pode ser a expressão "unidade na diversidade", tantas vezes empregada no âmbito da Santa Igreja. De fato, pulsa nestas páginas um profundo senso de comunhão entre os entrevistados e a Sé de Pedro, recordando aquele *sentire cum Ecclesia* que Santo Inácio de Loyola um dia pediu. Nestas entrevistas, o pedido parece encontrar realização plena. Naturalmente, nada disso viria à tona se não fossem o brilhantismo, a iniciativa e o fôlego do trabalho de Gerson Camarotti, que com justiça já é tido como um dos principais nomes do jornalismo brasileiro. Devem ser creditados a ele todos os méritos destas páginas.

Março de 2018

Apresentação

Ninguém poderia esperar uma mudança tão profunda de rumo dentro e fora dos muros do Vaticano. Naquele fim de dia chuvoso em Roma, mais precisamente em 13 de março de 2013, uma multidão aguardava com expectativa o resultado de mais um escrutínio do conclave. Na quinta vez, fumaça branca.

Logo, a Praça de São Pedro ficou ainda mais lotada. Mesmo na chuva, a multidão chegava de todos os lados. Enviado especial da GloboNews à capital italiana para cobrir o conclave, acompanhei tudo de perto. No momento em que foi anunciado em latim o nome do Cardeal argentino Jorge Mario Bergoglio, a surpresa foi generalizada. A multidão se perguntava quem era o novo papa. A chuva parou.

Vindo do fim do mundo, como ele mesmo ressaltou, Bergoglio ganhou a multidão de imediato ao anunciar que seria o primeiro pontífice de nome Francisco. E o ineditismo não terminava por aí: era também o primeiro papa da América Latina, sim, mas principalmente o primeiro papa jesuíta.

Em 2018, cinco anos depois do conclave, já podemos afirmar que Francisco iniciou uma revolução na Igreja. E foi diante do novo momento desta instituição milenar que surgiu a ideia deste livro de entrevistas. Era preciso ter um olhar brasileiro sobre os muitos fatos novos ocorridos nos últimos anos, tanto no pontificado de Francisco quanto no de seus antecessores. Ao mesmo tempo, era preciso ter uma compreensão mais ampla de como se chegou a este momento de mudanças para a Igreja.

Para entender Francisco, seria preciso voltar no tempo e retomar os momentos da Igreja no Brasil e no mundo desde o período do Concílio Vaticano II, convocado pelo Papa João XXIII e concluído por Paulo VI, até o longo pontificado de João Paulo II e depois com o Papa Bento XVI.

Em busca desse olhar brasileiro foi que se chegou ao consenso de ouvir os nossos próprios cardeais, protagonistas de vários desses acontecimentos históricos mencionados. Procurei, então, Dom Cláudio Hummes, prefeito emérito da Congregação para o Clero e arcebispo emérito de São Paulo; Dom Odilo Scherer, arcebispo de São Paulo; Dom Raymundo Damasceno, arcebispo emérito de Aparecida; Dom Orani Tempesta, arcebispo do Rio de Janeiro; e Dom Sérgio da Rocha, arcebispo de Brasília e presidente da Conferência Nacional dos Bispos do Brasil.

As entrevistas foram realizadas entre os meses de novembro e dezembro de 2017, e posso antecipar que são relatos históricos. Para adotar o mesmo critério de precedência utilizado pelo Vaticano, o livro optou pela ordem de antiguidade em que os entrevistados foram feitos cardeais. Por isso Dom Cláudio vem em primeiro lugar, uma vez que foi criado cardeal pelo Papa João Paulo II, em 2001, e Dom Sérgio no final: trata-se do mais recente purpurado brasileiro, recebendo o barrete cardinalício em 2016, pelas mãos do Papa Francisco.

Meu interesse pelo tema deste livro, é claro, não é recente. Desde o ano de 2005, quando o Papa Bento XVI foi eleito para a Cátedra de Pedro, tenho acompanhado intensamente os acontecimentos no Vaticano, numa cobertura paralela aos noticiários da política em Brasília, onde moro desde 1996. Mesmo antes, no início dos anos 1990, já pudera acompanhar, em Pernambuco, a fase final de uma conflituosa transição na Arquidiocese de Olinda e Recife. Em 1985, o carmelita Dom José Cardoso Sobrinho, de perfil conservador, fora escolhido pelo Papa João Paulo II para substituir Dom Hélder Câmara. A mudança radical no comando da Igreja local criou forte trauma entre os pernambucanos.

Foi com esses anos de cobertura, portanto, que tive a impressão de que jamais a Santa Sé seria a mesma depois daqueles meses surpreendentes de fevereiro e março de 2013. As mudanças tiveram início com a decisão do Papa Ratzinger de renunciar ao pontificado. Isso não ocorria havia seis séculos. O gesto revolucionário de Bento XVI abriria espaço para as mudanças que ele não havia conseguido fazer durante os oito anos em que ficou à frente da Igreja. Mas não era tudo. Tão surpreendente quanto a renúncia seria também a escolha dos purpurados que se reuniram na Capela Sistina naqueles dias de muito frio e chuva.

Ao longo desses primeiros cinco anos de pontificado, Francisco promoveu transformações profundas dentro e fora do Vaticano. Em poucos meses, o novo papa tirou a Igreja da agenda negativa em que vivia: disputa de poder na Cúria Romana, suspeitas de fraude no Banco do Vaticano, vazamento de documentos secretos e escândalos de pedofilia, entre outros problemas. Com seu estilo simples e pastoral, Francisco conquistou as massas, aumentou a frequência nas igrejas e deu novo vigor aos fiéis.

Certa vez, numa conversa com o cardeal Dom Raymundo Damasceno, uma observação dele resumiu muito bem as diferenças entre os pontificados: "As pessoas no tempo do Papa João Paulo II iam a Roma para ver o papa. No tempo do Papa Bento XVI, as pessoas iam para escutar o Papa Bento. E agora as pessoas estão indo à Roma para tocar no Papa Francisco."

Também eu percebi esse sentimento. Ele me ficou claro na cobertura jornalística da primeira grande viagem internacional de Francisco: aquela ao Rio de Janeiro em julho de 2013, por ocasião da Jornada Mundial da Juventude. Os olhos do mundo estavam em cada gesto e reação do novo pontífice. E foi durante a visita ao Brasil que ele concedeu sua primeira entrevista exclusiva, que foi ao ar pela GloboNews e pelo *Fantástico*, da Rede Globo.

Na longa conversa que tive com Francisco, o Santo Padre antecipou as principais diretrizes que viriam a marcar seu pontificado: a condenação do luxo e a exortação a uma Igreja mais simples e acolhedora. "Para mim é fundamental a proximidade da Igreja. Porque a Igreja é mãe. E nem você nem eu conhecemos uma mãe por correspondência. A mãe... dá carinho, toca, beija, ama", disse, como se numa síntese do seu pensamento.

Ao jesuíta italiano Antonio Spadaro, Francisco aprofundou o tema, trazendo na revista *La Civilità Cattolica* novos recados para a Igreja. O texto já mostrava que Bergoglio, como todo papa, não tocaria na doutrina da Igreja Católica, mas ao mesmo tempo sinalizava uma mudança significativa de tom. O Santo Padre ressaltou que a Igreja não poderia ficar obcecada por temas morais, como a condenação ao aborto, à contracepção e ao casamento entre homossexuais. Era um aceno para mudar o foco da agenda do Vaticano.

Em conversa com o vaticanista espanhol Juan Arias, do jornal *El País*, ouvi sua impressão sobre este atual momento da Igreja. "Eu conheci sete papas. Uma história longa da Igreja. Acho que é a primeira vez, em muitos séculos, que estamos diante de uma grande revolução. A maior revolução da história. O giro que este papa dá em gestos, na sua vida, no seu modo de entender a nova teologia, este voltar uns mil anos — essa é uma revolução que a Igreja e o mundo estiveram esperando durante muitos séculos."

A necessidade de mudança não se refletiu apenas no tom, mas também nas ações do novo pontífice. Em pouco tempo, Francisco substituiu os titulares de cargos estratégicos da Cúria Romana. Na Congregação para o Clero, saiu o Cardeal conservador Mauro Piacenza e entrou Beniamino Stella. Para a Secretaria de Estado, o papa substituiu o ex-poderoso Cardeal Tarcisio Bertone pelo Cardeal Pietro Parolin.

Para aprofundar o processo de reforma da Cúria, o Papa Francisco acionou o G8, como é conhecido seu conselho de oito cardeais. Um dos primeiros resultados desses encontros foi a criação de uma comissão para proteger os menores que foram vítimas de abusos sexuais e combater os casos de pedofilia no clero.

Quando fez um balanço de seu primeiro ano de pontificado, Francisco tirou a Igreja das cordas sobre esse tema, ao afirmar em entrevista ao jornal italiano *Corriere della Sera* que "ninguém tem feito mais na luta contra a pedofilia do que a Igreja Católica, que talvez seja a única instituição pública que atua com transparência e responsabilidade [nesse âmbito]".

Além de levar a vida com extrema simplicidade, Francisco começou a cobrar exemplo por parte dos integrantes da cúpula eclesiástica. Numa decisão surpreendente, determinou o afastamento do alemão Tebartz-Van Elst, conhecido como "bispo de luxo" por gastar cerca de 35 milhões de euros em uma casa paroquial. O prelado foi obrigado a deixar a diocese.

Em dezembro de 2013, Francisco foi eleito a personalidade do ano pela revista norte-americana *Time*, a qual ressaltou que o papa se tornou uma voz da consciência e que poucas vezes um novo ator no cenário mundial captou tanta atenção, e de maneira tão rápida.

Todavia, se de um lado Francisco teve sucesso na estratégia de atrair mais fiéis para a Igreja, de outro começou a enfrentar reação de setores mais tradicionalistas, incomodados com as mudanças.

O principal ocorrido diz respeito a uma nota de rodapé da exortação *Amoris laetitia*, segundo a qual, na visão de prelados mais progressistas, estaria aberto, em alguns casos, o acesso à Eucaristia a fiéis em segunda união. O então prefeito da Congregação para a Doutrina da Fé, Cardeal Gerhard Müller, afirmaria, em artigo no jornal *L'Osservatore Romano*, que não se pode mudar a doutrina católica para readmitir os descasados aos sacramentos. O gesto foi interpretado pela imprensa como uma referência indireta à posição do papa. O Cardeal Marx, arcebispo de Munique, reagiu e afirmou que Müller não poderia impedir a discussão do assunto. O calor do debate se acirraria em 2016, quando um grupo formado por quatro cardeais levou a público quatro *dubia*, isto é, quatro questões a serem sanadas, que eles mesmos haviam enviado ao Sumo Pontífice, sem porém terem obtido qualquer resposta. Os signatários foram os cardeais alemães Walter Brandmüller e Joachim Meisner; o italiano Carlo Caffarra; e o norte-americano Raymond Burke. Meisner e Caffarra faleceram em 2017.

Em dezembro de 2017, o Papa Francisco faria um desabafo. Aproveitou a ocasião em que pronunciaria os votos de Natal à Cúria para atacar aqueles membros que se apresentavam como "mártires do sistema". Em certos círculos, interpretou-se isso como repreensão ao Cardeal Müller, que àquela altura já não era mais o guardião da doutrina no Vaticano.

Diante da resistência às mudanças na Cúria, Francisco criticou o comportamento daqueles nomeados para fazer avançar sua reforma, mas que "não compreendem a magnitude de sua responsabilidade" e são "traidores da confiança". "Eles se deixam corromper pela ambição e uma glória vil e, quando são delicadamente afastados, se autoproclamam mártires do sistema. Dizem: 'O papa não me informou.' Falam 'da velha guarda' em vez de fazerem um mea-culpa."

O papa também alertou para a importância de "ir além dessa lógica desequilibrada e indigna de conspirações ou pequenos círculos que, na realidade, representam — apesar de todas as suas justificativas e boas intenções — um câncer que leva à autorreferencialidade, que se infiltra nos órgãos eclesiásticos".

O Cardeal Müller, com efeito, havia se queixado do tratamento recebido por Francisco. "O papa informou-me em um minuto de sua decisão de não prolongar meu mandato", dissera, acrescentando que "não me deu motivos". E, depois, falou do risco de "um cisma de uma parte do mundo católico, desorientado e desapontado" quando o papa não ouvia aqueles com dúvidas sobre suas decisões.

No primeiro documento escrito exclusivamente por Francisco, ainda em 2013, ele apresentou as diretrizes de suas reformas. Apenas pela proposição da descentralização da Igreja, tratar-se-ia da maior mudança feita no Vaticano em pelo menos meio século. Na exortação apostólica intitulada *Evangelii gaudium*, isto é, *A alegria do Evangelho*, Francisco diz preferir uma Igreja ferida e suja, porque esteve nas ruas, a uma Igreja doente por estar confinada e agarrada à sua própria segurança. Ele também condenou o que definiu como a "globalização da indiferença" e reafirmou a "opção preferencial pelos pobres". Ao destinar uma parte importante de seu texto à situação mundial, criticou também o modelo econômico de hoje.

Numa conversa com o Cardeal catalão Lluís Martínez Sistach, hoje arcebispo emérito de Barcelona, pouco antes da visita do Papa Francisco aos Estados Unidos, em 2015, ele me antecipava que mesmo lá reforçaria o seu tom crítico em relação ao principal pilar da cultura americana: a economia de livre mercado. E citou a exortação apostólica *Evangelii gaudium*. "Nela, o Papa Francisco fala da pobreza quando diz que a evangelização comporta também uma ajuda social às pessoas, bem como uma melhora social para elas. E, falando dos pobres, disse que quer uma Igreja pobre para os pobres. No entanto, diz também que temos de lutar contra as causas estruturais da pobreza — quer dizer, um mercado que não cumpre, ou que não tem, nenhuma lei ética, nenhuma norma ética, que só busca o lucro pelo lucro e não coloca a pessoa no centro do mundo do trabalho e da sociedade."

Na cúpula eclesiástica, as mudanças também se prolongam. Em 2014, o anúncio do primeiro consistório, ocasião em que o Santo Padre nomeia novos cardeais, foi um claro sinal do que Francisco desejava para o seu pontificado. Dos 16 purpurados com menos de oitenta anos, e que, portanto, podem votar num futuro conclave, apenas quatro ocupavam cargos na Cúria Romana, ao passo que 12 eram titulares de arquidioceses espalhadas pelo mundo.

A nomeação mais surpreendente foi a do monsenhor Chibly Langlois, bispo de Les Cayes: o primeiro cardeal do Haiti. Tratava-se de um forte sinal de que Francisco passaria a usar o título cardinalício para fortalecer a posição de prelados da Igreja em países periféricos e que enfrentam dificuldades políticas e sociais. Essa mesma marca seria adotada nos consistórios seguintes. Para a América Latina, além do Haiti, o Papa Francisco fez questão de indicar prelados próximos, que contavam com sua confiança e cuja linha pastoral se assemelhava à sua, como Dom Orani Tempesta, do Rio de Janeiro, e seu sucessor em Buenos Aires, o Arcebispo Mario Aurelio Poli. Também chamou atenção, no primeiro consistório, a ausência da nomeação de cardeais de sedes tradicionais, como a do patriarcado de Veneza ou do arcebispado de Turim. Em lugar de favorecer nomes da Cúria e da Itália, Francisco aprofundou a estratégia de universalização da Igreja.

Um destaque especial veio ainda da nomeação do lendário Loris Capovilla, então com 98 anos, outrora secretário do Papa São João XXIII. Apesar de não poder votar num conclave por causa da idade, a escolha de Capovilla consistia tanto numa homenagem quanto no recado de que Francisco desejava resgatar a importância do pontificado de João XXIII e, com ele, também do Concílio Vaticano II, convocado pelo Papa Roncalli.

Nos primeiros cinco anos do seu pontificado, Francisco fez muitas mudanças. Idealizou a reforma do Banco do Vaticano, que foi investigado por seu uso para lavagem de dinheiro, e reforçou o Código Penal da Santa Sé, aumentando a punição contra prelados envolvidos em casos de assédio sexual. Também passou a defender uma Igreja mais tolerante. Afirmou não ter autoridade para julgar a consciência dos homossexuais; acendeu o debate sobre os casais em segunda união ao falar da possibilidade de um discernimento que lhes permita, ao menos em alguns casos, ter acesso ao sacramento da Eucaristia; criou uma comissão para estudar o caso do diaconato feminino; e intensificou o contato com outros credos, encontrando-se, inclusive, com o patriarca da Igreja Ortodoxa Russa, algo inédito.

Os encontros com líderes políticos e religiosos, a propósito, são uma marca do pontificado de Francisco. Em junho de 2014, ele recebeu nos jardins do Vaticano os presidentes de Israel, Shimon Peres, e da Autoridade Palestina, Mahmoud Abbas. Com eles, rezou pela paz no Oriente Médio. Semanas antes, o pontífice tinha visitado ainda a

Terra Santa. Num gesto carregado de simbolismo, rezara no muro que separa a Cisjordânia de Israel.

A perseguição a cristãos na África e no Oriente Médio por grupos extremistas também é uma preocupação constante do Santo Padre. O Cardeal suíço Kurt Koch, que preside o Departamento de Iniciativas Ecumênicas do Vaticano, me resumiu certa vez a visão da Santa Sé sobre o tema. "A fé cristã é, hoje, a religião mais perseguida do mundo. E acho que precisamos ter mais responsabilidade para enfrentar esse extremismo e essa perseguição de cristãos. Os cristãos não são perseguidos por serem católicos, ou ortodoxos, ou protestantes, ou pentecostais. Eles são perseguidos por serem cristãos", reforçou.

Do mesmo modo, em sintonia com a linha adotada pelo Papa Francisco no âmbito do diálogo entre as religiões, o Cardeal Gianfranco Ravasi, presidente do Pontifício Conselho para a Cultura, esteve no Rio de Janeiro em 2016 para participar de um evento intitulado Pátio dos Encontros, iniciativa do Vaticano cujo objetivo é incentivar o diálogo cultural, especialmente entre crentes e não crentes. Por ocasião de um almoço realizado no Palácio São Joaquim, sede da residência episcopal, ouvi do purpurado italiano que "o fundamentalismo é um risco atual em vários países e que é preciso ser como os instrumentos musicais — com sons diferentes, eles criam a melodia", resumiu.

Nas relações diplomáticas do Vaticano com os governos estrangeiros, o papa foi protagonista das conversas para o reatamento das relações diplomáticas entre Cuba e os Estados Unidos, que tinham sido interrompidas havia mais de meio século. Também mediou o acordo de paz entre as Forças Armadas Revolucionárias da Colômbia (Farc) e o governo.

Ao mesmo tempo, o Santo Padre acendeu o alerta contra a destruição do planeta na encíclica *Laudato si'*, a primeira na história da Igreja dedicada exclusivamente ao meio ambiente. No texto, o papa faz um apelo para que os governantes ouçam o "choro da terra e o choro dos pobres" — que, segundo ele, são os mais afetados pelas mudanças climáticas. Sobre a encíclica, conversei em 2015 com o Cardeal ganês

Peter Turkson, presidente do Pontifício Conselho Justiça e Paz, órgão responsável pelo diálogo entre o Vaticano e os movimentos sociais. O purpurado africano fez o primeiro esboço desse texto, a pedido do próprio papa. "Um dia, fui conversar com ele sobre o trabalho do conselho que presido. Então ele disse que estava pensando em escrever uma encíclica sobre a ecologia natural e humana. Falei que seria um grande tema, e encerramos a conversa por aí. Nosso encontro seguinte se deu no mês de março, por ocasião de um evento na Praça de São Pedro. Muitas pessoas acompanharam isso porque se deu na Praça de São Pedro, e assim as TVs estavam ali. Todo mundo viu que o papa me pediu para escrever. Levamos então esse tema para o nosso conselho. Sabemos que o papa deseja que a gente seja original com a nossa contribuição, e ele sempre nos dá liberdade para fazermos do nosso jeito. Assim, montamos nossa própria equipe. Uma coisa que sabíamos é que ele queria escrever algo sobre a ecologia humana e natural. Isso era central. O papa fala de mudanças climáticas na encíclica, mas sua tese central é a ecologia integrada: ecologia, meio ambiente e sociedade."

Ao mesmo tempo, fiel ao espírito missionário dos jesuítas e à sua posição como Sumo Pontífice, Francisco se preocupa, naturalmente, em expandir o catolicismo por todo o mundo. Na Europa, porque ali vem se intensificando o secularismo ateu; na América do Sul, pois a Igreja vem perdendo terreno para as denominações neopentecostais.

Por tudo isso, penso que o grande desafio de Francisco para os próximos anos será o de abrir caminhos e quebrar resistências em todos os níveis da Igreja Católica, a fim de conseguir implementar suas mudanças e dar novo vigor ao espírito do Concílio Vaticano II. Para um observador distante, os passos de Francisco podem ser lentos. Mas, para os padrões da Santa Sé, a velocidade dessas transformações em tão pouco tempo é algo sem precedentes. Mesmo assim, já é consenso dentro do Vaticano que muitas das mudanças sugeridas só devem ser adotadas nos futuros pontificados. Afinal, esse é o tempo da Igreja.

Gerson Camarotti

Dom Cláudio Hummes

O Cardeal Dom Cláudio Hummes me confirmou um dia antes a data da nossa entrevista para o livro. Peguei o primeiro voo de Brasília para Congonhas, no dia 28 de novembro de 2017, e logo cedo chegava ao endereço de sua residência no Bosque da Saúde, em São Paulo. Era a minha terceira visita ao local para encontrar o arcebispo emérito de São Paulo. E, como das vezes anteriores, aquela foi uma conversa franca e sincera.

O meu primeiro contato com Dom Cláudio aconteceu em 2007. No ano anterior, o Papa Bento XVI havia nomeado o cardeal brasileiro para comandar a poderosa Congregação para o Clero. Com dificuldade para marcar uma entrevista para o jornal O Globo, *acordei de madrugada e telefonei para o número de seu gabinete, em Roma. Sabia que ele chegava muito cedo ao escritório, e portanto precisava telefonar antes do início de suas orações. Identifiquei-me como jornalista brasileiro. Para minha surpresa, Dom Cláudio não só atendeu ao meu telefonema, como ainda me concedeu uma longa entrevista, que acabou por tornar-se destaque principal de um caderno especial que* O Globo *preparava para a viagem de Bento XVI ao Brasil, em maio daquele ano.*

Já naquela ocasião, fiquei impressionado com a sinceridade de Dom Cláudio. De forma direta, alertava para o problema da evasão de fiéis da Igreja Católica no país. Em 2005, pouco depois da posse do Papa Bento XVI, o prelado já tinha feito esse mesmo alerta num encontro no Vaticano. Encontraria pessoalmente o cardeal gaúcho logo em seguida, em São Paulo e em Aparecida. Ele integrava a comitiva papal, e tivemos a oportunidade de conversar, primeiro, no hotel em que estava hospedado, e depois, também em Aparecida, onde aconteceria a célebre conferência com a participação do episcopado de toda a América Latina.

Só voltaria a encontrar Dom Cláudio novamente em 2013. Com a renúncia de Bento XVI, o mundo católico se preparava para a eleição de seu sucessor. Viajei a São Paulo sem a garantia de que Dom Cláudio me receberia, pois ele vinha evitando conceder entrevistas antes do conclave. Já se tornara prefeito emérito da Congregação para o Clero — mais precisamente, desde 2010, quando completara 75 anos e apresentara sua renúncia ao Santo Padre.

Em 2005, Dom Cláudio tinha participado do conclave para a escolha do sucessor de São João Paulo II, chegando a ser apontado como "papável" pela imprensa italiana. Por isso mesmo, eu considerava importante ouvi-lo para uma série de reportagens que estava preparando para o Jornal das Dez.

Naquela ocasião, só consegui quebrar a resistência de Dom Cláudio com a ajuda de um amigo, o Padre João Inácio Mildner, capelão do Hospital Emílio Ribas. E, como da vez anterior, aquela foi uma entrevista fundamental. Em julho de 2013, voltei ao mesmo endereço no Bosque da Saúde com o propósito de entrevistá-lo para o programa especial da GloboNews sobre a visita que o Papa Francisco faria ao Brasil naquele mesmo mês, por ocasião da Jornada Mundial da Juventude.

No entanto, na entrevista a seguir, para este livro, o relato de Dom Cláudio superou todas as minhas expectativas. Contou de sua vivência em Roma, entre 1959 e 1963, para fazer seu doutorado em filosofia, justamente no período em que teve início uma revolução na Igreja: o Concílio Vaticano II. Além disso, revelou detalhes de sua atuação como jovem bispo de Santo André, posição para a qual foi nomeado em 1975 pelo Papa Paulo VI, quando contava apenas quarenta anos. No final dos anos 1970, Dom Cláudio passaria a apoiar as greves dos metalúrgicos do ABC lideradas pelo então sindicalista Luiz Inácio Lula da Silva.

Nesse longo depoimento ao livro, Dom Cláudio também abordou questões delicadas, como os reflexos do Concílio Vaticano II na Igreja do continente. Falou ainda do surgimento da Teologia da Libertação e da divisão do episcopado brasileiro durante o período da ditadura militar. "Eu era bispo do ABC Paulista, onde aconteceram as grandes greves dos metalúrgicos no final dos anos 1970 e início de 1980 — greves que a Diocese do ABC Paulista, a Diocese de Santo André, apoiava, uma vez que as reivindicações dos trabalhadores eram justas e seus métodos, pacíficos. Aquelas foram greves que enfrentaram o regime militar e procuraram a redemocratização e a justiça social. A nossa fé tinha de ser conferida concretamente nessa contaminação ideológica que perpassava a sociedade. No entanto, tudo isso fazia parte de uma Igreja que procurava se inserir na sociedade para poder, de dentro, transformá-la. Como consequência, ela também está dentro desse ferver de ideias e ideologias. Ao mesmo tempo, precisa manter sua fé, uma fé que ela não pode trair. Foi nesse contexto que nasceu a Teologia da Libertação", disse.

Depois da longa vivência no ABC, Dom Cláudio substituiu Dom Aloísio Lorscheider em Fortaleza. Em seguida, outra grande missão: substituir Dom Paulo Evaristo Arns na Arquidiocese de São Paulo. Amigo do Papa Francisco — os dois foram feitos cardeais no mesmo consistório, em 2001 —, quis saber se ele estava satisfeito com a linha do pontificado de Bergoglio. Foi então que os olhos do cardeal franciscano brilharam: "Está sendo muito mais do que eu esperava", confidenciou.

Como Dom Cláudio descobriu sua vocação?

Minha vocação é vocação de infância. Sou filho de pequenos agricultores do Rio Grande do Sul, mais precisamente da região dos imigrantes alemães, que ainda hoje é conhecida como Colônia Alemã. Nasci no interior de Montenegro. Éramos uma família grande: crescemos 12 irmãos, dos quais hoje oito ainda estão vivos. A nossa era uma família religiosa. Levávamos aquela vida que todos tinham, como os demais pequenos agricultores, uma vida muito simples. Ia-se à igreja aos domingos mesmo que não houvesse Missa, ocasião em que rezávamos o Terço. Em casa também se rezava. Minha mãe era muito religiosa e meu pai também. Comecei então a ir à escola — a escola primária daquela época não era nem reconhecida pelo governo; tratava-se de escolas paroquiais. Em quatro anos aprendia-se o essencial: ler, escrever, aritmética, tabuada, um pouco de história do Brasil, catecismo, essas coisas todas. Comecei aos seis anos a frequentar a escola; ao mesmo tempo fui aceito para ser coroinha na igreja local, que nem paróquia era, mas uma capela de comunidade para a qual um padre ia de tanto em tanto a fim de celebrar a Missa. Fui coroinha ali e também em outra capela que pertencia a outra paróquia, de um outro padre. Desde cedo quis ser padre. Pergunto-me até hoje como isso ocorre dentro do universo de uma criança. O que me encantara naqueles padres para eu querer ser padre?! Até hoje me pergunto o que me encantou! Mas Deus nos chama através desses meios. Os dois padres que eu auxiliava como coroinha eram diocesanos. No entanto, ali perto havia um seminário menor de jesuítas. Quando comecei a dizer na família que queria ser padre, meu pai, junto com o pároco da paróquia, se perguntou: "Ele irá com os diocesanos ou irá com os jesuítas?" Eu era muito novo: tinha oito anos naquele tempo.

E o senhor acabou indo para os franciscanos.

Quando eu tinha nove anos, passou na região um frei franciscano, um promotor vocacional. Ninguém de nós conhecia os franciscanos.

E eu acabei me encantando com esse frei e decidi ir com ele ao seminário franciscano, em Taquari (RS). Pergunto-me até hoje o que me fez dizer: "É com esse aí que eu vou." O frei franciscano visitou nossa escola, conversou conosco, mostrou fotografias... Ele era também filho daquelas colônias. Meu pai gostou muito dele. Bem, eu disse que ia, e no início do ano seguinte parti para o seminário menor dos freis franciscanos. Tinha quase dez anos de idade. Hoje, questionamos por que tão criança... Bem, na época, em geral, não havia naquele interior escolas primárias suficientemente qualificadas para que as crianças pudessem cursar em seguida o curso ginasial. Então, os padres levavam os vocacionados bem cedo ao seminário a fim de complementarem ali o primário e depois o ginásio e o colegial, que era a estrutura oficial do ensino na época. Minha vocação, portanto, começou assim.

O senhor é ordenado em 1958?

Em 1958, lá em Minas Gerais, mais especificamente em Divinópolis, onde cursei a escola de teologia dos franciscanos.

Só para lembrar, estamos no período anterior ao Concílio...

No pontificado de Pio XII, que faleceu no mesmo ano em que fui ordenado.

Já se sentia, ali, um ambiente muito forte de mudança. O senhor, imagino, acompanhou o Concílio Vaticano II aqui do Brasil, já sacerdote. Olhando em retrospectiva, que análise se pode fazer das mudanças já consolidadas hoje? Temos um mundo muito secularizado.

Em primeiro lugar, devo dizer que, em 1959, meus superiores me enviaram a Roma a fim de me doutorar em filosofia, para que pudesse lecionar depois no seminário maior. Foi precisamente nos anos de João XXIII.

Então o senhor estava lá no auge do furacão.

João XXIII foi eleito em 1958 e faleceu em 1963. Eu cheguei a Roma em outubro de 1959 e retornei ao Brasil no início de 1963: vi de perto, portanto, toda a trajetória daquele grande papa, hoje santo. Tratava-se de uma figura muito pastoral e muito querida, muito amável, bem como inovadora. Era um homem simples, que confiava totalmente no Espírito Santo. A convocação do Concílio foi inesperada, pois a grande maioria achava que os Concílios não eram mais necessários, visto que o papa gozava de infalibilidade e poderia definir sozinho toda e qualquer questão. Quando, porém, João XXIII convoca o Vaticano II, tem em mente, de início, a unificação dos cristãos numa só Igreja. Esse ecumenismo era o objetivo inicial. Depois o papa ampliou a temática para uma renovação pastoral de toda a Igreja: uma "atualização" da Igreja. Em italiano se dizia *aggiornamento*. Foi este o indicador que ele deixou para Paulo VI, que depois levaria adiante o Concílio. Só quem viveu antes do Concílio, quem conheceu a Igreja à época como nós — sua teologia, seu modo de ser, de atuar — pode de fato dizer quanto o Vaticano II a mudou. O Concílio foi realmente de mudanças extraordinárias e grandes. De imediato, o que mais marcou o povo foi a liturgia em língua vernácula, mas havia também toda a abertura da Igreja para o mundo. O Vaticano II dizia: "Não, a Igreja tem de se reinserir na sociedade humana, na história. Ela não pode caminhar ao lado, ou até em conflito com a sociedade." Com efeito, houvera antes um grande atrito com a modernidade. O Concílio Vaticano II, então, deixou-se interpelar também pela modernidade: identificar os valores que havia nela e trazê-los para dentro da Igreja, mostrando como muitos deles chegavam mesmo a ter que ver com o Evangelho — a liberdade, os direitos humanos, a autodeterminação dos povos, por exemplo. Desse modo o Concílio reinseria a Igreja no mundo atual, o que resultou até em certos detalhes que começaram a chamar a atenção do povo. Por exemplo, os padres já não andavam de batina, mas em traje civil ou de *clergyman*. Também as irmãs religiosas modernizavam seus hábitos. No fundo, isso mostrava uma Igreja que buscava inserir-se na história para caminhar junto com a história. Trata-se daquilo que o Papa Francisco, hoje, acentua muito: a Igreja deve caminhar, e não ficar parada ou olhar para trás. Bem, ela deve sempre olhar para Jesus Cristo, mas Jesus Cristo é sempre atual e novo. A Igreja deve se inserir no mundo porque é a esse mundo que ela deve levar Jesus Cristo, e não a um mundo que não existe mais ou por demais idealizado. A Igreja tem que viver muito realisticamente este mundo de hoje, tal como ele se encontra.

Um mundo, repito, muito secularizado.

Atualmente, sim: um mundo secularizado e laicizado. Às vezes, até mesmo arreligioso e antirreligioso. Mas é neste mundo que a Igreja tem de se sentir inserida, interpelada, convocada por Deus para ser novamente fonte de luz, ajudando as pessoas a encontrar o caminho. Penso que isso vem do Concílio. De fato, o Vaticano II fez uma grande reforma. Isso, na América Latina, começou a se mostrar logo: a Igreja no nosso continente se distinguiu por assumir logo algumas linhas fundamentais do Concílio. O Vaticano II fora encerrado em 1965. Convocados a reinserir a Igreja na história, os bispos latino-americanos se reuniram, em 1968, em Medellín e se perguntaram: "Como vamos fazer isso? Como vamos nos inserir na realidade latino-americana?" Para responder a essa pergunta, porém, tiveram também de se perguntar: "Mas, afinal de contas, o que é essa América Latina? Quais suas características, problemas, aspirações, sua história, sua situação atual?" Nessa análise da América Latina, encontraram a pobreza como primeira grande interpelação, a exploração a que era submetido o continente. Iniciou-se, então, um método novo. Medellín começou a usar o método da antiga Ação Católica: ver, julgar e agir. Significava não apenas conhecer a realidade como ela se apresenta, mas também ir em busca das causas que estão por trás dessa situação. Quais são as causas profundas da pobreza, da desigualdade social, da miséria e exploração a que se sentia submetido o continente? Não bastava cuidar dos pobres, mas perguntar-se por que são pobres, as causas geradoras da pobreza. Seria necessário combater essas causas se se quisesse vencer a pobreza. E Medellín então chega à conclusão de que, na América Latina, existe uma injustiça institucionalizada, que está na raiz da pobreza; portanto, era preciso exigir uma mudança das estruturas econômicas, sociais e políticas. Com efeito, só poderemos inserir-nos como força transformadora se atuarmos nas causas. Isso de buscar as causas foi uma virada muito grande no pensamento e na práxis da Igreja à época.

Surge daí a Teologia da Libertação?

Medellín dizia que na América Latina existe uma injustiça institucionalizada, sendo necessário, portanto, transformar as estruturas. Isso se tornou um tema central de discussão. A transformação das estruturas foi assunto durante muito tempo. A isso se somaram, depois, de um lado, a questão do marxismo, cuja promessa também era a da mudança estrutural, e de outro lado os governos militares que tomaram conta dos principais países do continente e perseguiam os marxistas. Nesse contexto, começa-se a dizer que a Igreja estava na esquerda porque defendia os pobres, exigia mudança das estruturas. O marxismo também acenava com propostas semelhantes... Acusava-se então a Igreja de ser socialista, marxista, de esquerda.

Nosso episcopado fica também um pouco dividido no Brasil.

Exatamente. Houve tensões no meio. Não digo que tenha ocorrido rupturas ou conflitos, mas havia tendências fortes e divergentes. Isso todos sabemos, pois também nós éramos filhos do tempo. De alguma forma, as tensões da época nos contaminavam também, inevitavelmente.

O senhor ficou muito marcado.

Sim. Porque eu era bispo do ABC Paulista, onde aconteceram as grandes greves dos metalúrgicos no final dos anos 1970 e início de 1980 — greves que a Diocese do ABC Paulista, a Diocese de Santo André, apoiava, uma vez que as reivindicações dos trabalhadores eram justas e seus métodos, pacíficos. Aquelas foram greves que enfrentaram o regime militar e procuraram a redemocratização e a justiça social. A nossa fé tinha de ser conferida concretamente nessa contaminação ideológica que perpassava a sociedade. No entanto, tudo isso fazia parte de uma Igreja que procurava se inserir na sociedade para poder, de dentro, transformá-la. Como consequência, ela também está dentro desse ferver de ideias e ideologias. Ao mesmo tempo, precisa manter sua fé, uma fé que ela não pode trair. Foi nesse contexto que nasceu a Teologia da Libertação. Dez anos depois veio a III Conferência Geral do Episcopado Latino-Americano, em Puebla, e Puebla falou muito das Comunidades Eclesiais de Base, as CEBs. Elas já existiam no Brasil, mas a conferência lhes deu um reconhecimento importante e um vigor novo. As CEBs então se multiplicaram por todo o continente, e a Teologia da Libertação dizia: "Nós queremos fazer uma reflexão teológica a partir da experiência dessas comunidades eclesiais de base. Nós procuramos pensar, em nível de pensamento teológico, aquilo que é a experiência pastoral dessas comunidades." A grande maioria dos membros das CEBs eram leigos pertencentes à camada popular e pobre que se reuniam para analisar a realidade de pobreza e injustiça social, para procurar suas causas, para cotejá-las com os ensinamentos da Bíblia e partir para ações práticas que tinham cunho religioso, político e social — e isso bem durante o tempo das ditaduras militares. Tratava-se de transformar as estruturas injustas da sociedade em busca de justiça social, da dignidade, da democracia, da liberdade, dos direitos humanos... Essas comunidades liam o Evangelho tendo em vista essa situação. Isso ocorria de modo bastante generalizado na América Latina. As conferências episcopais continentais davam expressão a tudo isso, e todas elas marcaram essa história: Medellín, Puebla, Santo Domingo e, finalmente, Aparecida, onde estaria presente o próprio Cardeal Bergoglio, futuro Papa Francisco.

O senhor estava presente?

Estava presente. O Cardeal Bergoglio era presidente da comissão de redação, e eu era um dos membros dessa comissão. Éramos um grupo de umas sete pessoas, algo assim. Um número reduzido.

Chegaremos a Aparecida, que me interessa muito. O senhor foi feito bispo pelo Papa Paulo VI nos anos 1970, sendo designado, mais especificamente, para a região do ABC Paulista. Como o senhor se inseria nesse contexto? Esteve ligado, inclusive, à causa operária então nascente.

Eu era professor de filosofia no Rio Grande do Sul quando fui nomeado bispo de Santo André, em 1975. Estava com quarenta anos. Até então, eu habitara um mundo, digamos, religioso e acadêmico. Quando, em 1969, me tornei diretor da Faculdade de Filosofia na cidade de Viamão, vivíamos já uma repressão muito forte, e tive, enfim, meu primeiro contato com o que estava acontecendo no Brasil em sentido prático. Com efeito, houve prisão de seminaristas nossos, da nossa faculdade, e fui chamado ao Dops a fim de ser interrogado na condição de diretor da faculdade. Os seminaristas eram acusados de produzir o que, à época, o regime militar dizia ser "panfletos subversivos". Consegui que eles fossem libertados, mas aquilo serviu para mim como um solavanco no que dizia respeito ao regime e ao que estava acontecendo no país. Um seminarista nosso chegou a ser baleado. Foi morto no centro de Porto Alegre, e a explicação que nos deram foi a de que estava no lugar errado. Então, em 1975, fui nomeado para a Diocese de Santo André. Já se começava a falar de redemocratização...

Lenta, gradual.

Sim, lenta e gradual. Cheguei então a Santo André e me vi no seio de uma diocese essencialmente operária. Quando de minha chegada, havia no Grande ABC mais de 220 mil metalúrgicos, uma vez que era grande a concentração de montadoras de automóveis ali. Só a Volkswagen possuía 46 mil funcionários. A região, naquele tempo, representava o grande centro da indústria moderna brasileira. No começo eu me sentia um pouco estranho. Não era o meu mundo. Além disso, havia certo clima de apreensão constante, uma vez que houvera prisões e torturas de operários militantes. A própria Ação Católica Operária se encontrava muito ameaçada e reprimida. Aos poucos, começaram as greves esparsas, culminando com a primeira greve geral de todos os metalúrgicos do ABC, em 1979.

Como meu antecessor, Dom Jorge Marcos de Oliveira, fora também um grande batalhador, acabei recebendo essa herança. As pessoas perguntavam: "Esse frade que veio do Rio Grande do Sul para ser bispo: como ele se posiciona diante de tudo isso?" De início, não tive maiores oportunidades de me posicionar, mas quando as greves começaram isso mudou. Em 1979, no início da primeira grande greve dos metalúrgicos do ABC, eu estive reunido com o grupo da pastoral operária, que havia sido recentemente organizada por alguns bispos do Brasil, junto com os militantes católicos. Ali me foi diretamente perguntado: "Dom Cláudio, o que o senhor diz sobre esta greve?" Sugeri que fizéssemos uma nota de apoio àquela movimentação toda, uma vez que as reivindicações eram justas e os métodos, pacíficos. Então, um deles disse que perto da catedral ficava a sede do Sindicato dos Metalúrgicos de Santo André, na qual os operários estavam reunidos em assembleia. "E se, em vez de elaborar uma nota, o senhor fosse lá?", perguntaram-me. Aceitei. Chegando lá, vimos um mundo de operários reunidos. Fui até o presidente do sindicato e disse: "Sou o novo bispo de Santo André, como vocês já devem saber. Nós nos reunimos e viemos aqui para dizer que apoiamos a greve porque as reivindicações são justas e o método, pacífico." Eles ficaram muito felizes, e o presidente do sindicato quis saber se eu não gostaria de dizer isso aos operários. Ele abriu então a cortina do palco e, ao ser anunciado que o bispo de Santo André estava presente, seguiu-se uma salva de palmas. Eu me lembro disso como se fosse hoje. Falei: "Olhem, direi poucas palavras porque não sou eu que vou dirigir a greve de vocês, mas o presidente do sindicato e o grupo do comando de greve. Tenho, no entanto, duas palavras para dizer. A Igreja, a Diocese de Santo André, a Igreja Católica, nós apoiamos a greve de vocês." Após mais aplausos, continuei: "Queria dizer que nós os apoiamos porque as reivindicações de vocês são justas e os métodos são pacíficos." Então lhes disse que ficassem bem unidos. A recepção foi excelente.

Um dia depois, foi a vez de São Bernardo, onde também havia greve. Eram dois sindicatos na época. O Lula era o presidente daquele. Não o conhecia pessoalmente. Ele ou sua assessora — não me recordo mais — me ligou para manifestar o desejo de que eu estivesse também na assembleia dos sindicalistas em São Bernardo, a exemplo do que ocorrera em Santo André.

São Bernardo pertence à Diocese de Santo André?

Sim, a diocese abrange os sete municípios do Grande ABC. De todo modo, eu disse que iria e me encontrei com o Lula e com o comando da greve. Afirmei a eles a mesma coisa que havia afirmado em Santo André, mas o Lula quis que eu me manifestasse na assembleia dos operários. Concordei. Ele abriu a sessão e perguntou aos trabalhadores se gostariam de me ouvir. Falei e todos aplaudiram, como antes.

Desse modo, fomos entrando nesse clima. Eu também acompanharia as negociações para o fim da greve, na Federação das Indústrias do estado de São Paulo. Um dos empresários disse que, estando eu ali, deveria me sentar no meio, e não ao lado dos trabalhadores. Lembro-me bem do que respondi: "Eu fico do lado dos trabalhadores porque não há como fazer média entre justiça e injustiça." Isso ficou marcado.

De toda forma, eu nunca presidi nada — só estava do lado dos trabalhadores. Aqueles foram tempos em que a gente ficou muito envolvido com essas coisas.

E o restante da Igreja?

Em 1979 houve a Conferência Geral do Episcopado Latino-Americano em Puebla, da qual já falei. Nela se tratou também das Comunidades Eclesiais de Base e da opção preferencial pelos pobres. Quando me perguntavam como eu me posicionava, dizia que estava tentando colocar em prática aquelas que eram as grandes orientações das conferências de Puebla, de Medellín e, por fim, também do papa, que já era João Paulo II. Na primeira visita que fiz a João Paulo II, conversamos longamente sobre essas questões. Na Polônia, ele tivera a experiência de Lech Wałęsa e do Sindicato Solidariedade, enquanto eu falava do Lula e dos metalúrgicos da minha diocese. Aquela foi uma conversa muito interessante. Ele apoiou plenamente o trabalho que estávamos fazendo.

A experiência de São João Paulo II fora a do combate ao comunismo, enquanto aqui se tratava de uma ditadura à direita. Em seu pontificado, o Papa Wojtyla viria a se posicionar contra as ideologias de esquerda na América Latina. Preocupava-o o fato de poderem se imiscuir na Igreja. Não teria sido esse um momento mais tenso?

Tudo isso foi mesmo fruto de um conjunto de fatores históricos. O Papa Wojtyla vinha da Polônia, onde a Igreja se via fortemente unida contra o regime comunista. O povo era profundamente católico e, portanto, havia perseguições. João Paulo II nasceu no seio dessa Igreja. Quando eleito pontífice, ele entra, é claro, num mundo muito mais diversificado, mas de início o que o influencia, como aconteceria a qualquer um, é sua experiência pessoal — e uma experiência muito bem-sucedida, pois de fato a Igreja se manteve unida na Polônia e conseguiu resistir à perseguição.

São João Paulo II era um homem muito inteligente, muito preparado e muito santo, e naturalmente se foi deixando guiar pelo Espírito. É claro que esse não é um milagre que acontece de um dia para outro, mas aos poucos ele foi dando seus passos, o que também ajudou a Igreja a fazer seu próprio discernimento com relação ao Santo Padre. Se João Paulo II, por exemplo, alertava a Igreja para que não se deixasse fascinar ou contaminar pelas ideologias de esquerda, as Igrejas particulares começaram a fazer seus discernimentos ao mesmo tempo que ele mesmo os fazia. Afinal, como deveria se comportar a Igreja numa outra situação que não era aquela da Polônia, acossada por um regime fechado e comunista? Isso levou a Igreja a ser ainda mais autêntica, a entrar mais na história, a não ser uma Igreja de sacristia, separada, que vem para condenar o mundo em vez de caminhar junto com ele e agir como força transformadora da sociedade. "Eu não vim para julgar o mundo, mas para salvá-lo", disse Jesus. Uso com certa frequência essa mensagem de Cristo. Não podemos condenar o mundo sem mais; não: nós estamos aí para ajudar o mundo a acolher a salvação de Deus. Acho que a Igreja caminhou muito intensamente naquela época. E calhou de ser São João Paulo II o papa nesses tempos.

O senhor acredita que a Conferência de Aparecida, agora já sob o pontificado de Bento XVI, foi uma espécie de conciliação, um reconhecimento, por parte do Vaticano, de que a Igreja na América Latina possui características próprias, com as quais era preciso aprender?

Aparecida não se realizou sob esse signo. Isso viria depois, quando da eleição do Papa Francisco, o que é outra história. A Conferência de Aparecida foi, antes, mais um passo na caminhada que a Igreja já vinha realizando com os outros encontros do episcopado. Já se havia passado muito tempo desde a outra conferência, e chegara a época de uma nova.

Parecia que algumas coisas se haviam esgotado porque também os tempos tinham mudado. A Conferência de Santo Domingo mostrara um pouco isso. Não era possível repetir o discurso dos anos 1980, bem como as soluções e as práticas adotadas ali. Dito ou não dito, no fundo se tratava disso. Os tempos exigem que se busquem novos horizontes. Em Santo Domingo, por exemplo, já fora tratada a questão da cultura, da relação entre ela e a Igreja. Era um ponto novo, que precisava ser acertado. Depois, chegou a muitos países, entre eles o Brasil, a pauta da Nova Evangelização, sob o estímulo de João Paulo II. Desde o princípio de seu pontificado ele falou sobre "uma nova evangelização com novo ardor missionário, novos métodos e novas expressões". Alguns anos antes de Aparecida, a missionariedade da Igreja começou a ser trabalhada com mais força. A CNBB chegou a publicar um documento de título *Queremos ver Jesus*, no qual propunha colocar ênfase na experiência do encontro pessoal e comunitário com Jesus Cristo, com todos os reflexos que isso trazia para a vida social da Igreja. Não basta ter uma bela ideologia se você não transforma as pessoas. Em Aparecida, esses temas aparecem de novo, fortemente.

Ainda durante o pontificado de Bento XVI, antes mesmo da Conferência de Aparecida, o senhor falara sobre a evasão de fiéis na América Latina, sobretudo aqui no Brasil. O Papa Francisco retomaria o tema e diria que a Igreja precisa ser mãe e acolher. É por isso que a Igreja está buscando ser missionária novamente?

Talvez esse seja um motivo meramente circunstancial. Ela busca a missionariedade porque está realmente convencida de que é preciso retornar às raízes. A Igreja, segundo o Evangelho de Jesus Cristo, é essencialmente missionária.

Mas o que explicaria a evasão?

Houve, sim, um crescimento das igrejas evangélicas pentecostais e, depois, neopentecostais. Muitos católicos migraram para essas igrejas. Por quê? Ver essa migração nos fazia sofrer e questionar, naturalmente, mas o que eu sempre dizia é que o importante não era fazer disso uma guerra religiosa. Não se tratava de atacar, agredir ou ser *anti*, mesmo que às vezes eles se mostrassem anticatólicos agressivos. Deveríamos, sobretudo, questionar o que havíamos deixado de oferecer a esses católicos que migraram. Aos poucos, fomos fazendo nosso discernimento. Isso aparece também no já célebre objetivo de sermos uma "Igreja em saída", uma Igreja mais misericordiosa, mais próxima do povo, apostando menos na lei, na estrutura e na cobrança do que na acolhida, na fraternidade e na solidariedade. O que salva é o amor misericordioso de Deus. Essa proposta foi crescendo aos poucos. Se a Igreja quiser atender aos apelos do Evangelho para oferecê-lo hoje ao mundo, deve, em primeiro lugar, encurtar as distâncias. Não pode esperar que o povo venha, mas sair ela mesma em busca do povo. Não basta ter alguns em nossas comunidades. Não! Queremos todos, como diz o papa. E sobretudo as periferias. Nisso volta a entrar a questão dos pobres, a qual Francisco conheceu bem em virtude de sua experiência na América Latina. Devemos, portanto, ir às periferias, mas fazer o quê? Anunciar Jesus Cristo e ser misericordiosos, isto é, acolher as pessoas, encorajá-las e perdoá-las quando arrependidas, nos solidarizar, caminhar junto. Não se trata de ir cobrar como se Deus estivesse com uma listinha de pecados nossos na mão. A mãe deve encorajar mesmo aquele que está na pior, mesmo aquele que está emaranhado e não sabe como se desvencilhar. Cabe a ela dizer: "Você pode, sim. Deus pode perdoá-lo." É isso que o Papa Francisco espera.

Dom Cláudio, o senhor foi prefeito da Congregação para o Clero. Hoje falamos sobre a "Igreja em saída", mas há a dificuldade da falta de padres.

Exatamente. Isso é outro ponto a que deveríamos chegar.

Surgem, nesse contexto, as notícias de que a falta de sacerdotes em regiões como a da Amazônia poderia ser suprida mediante a ordenação de homens casados. Haveria alternativa? Como o senhor avalia a situação?

Por séculos, funcionou essa estrutura paroquial que temos hoje: em cada paróquia havia um padre ou dois, a depender da quantidade de sacerdotes que a diocese tivesse. No entanto, ao contrário da Europa, a América Latina nunca teve essa abundância toda de padres. Como consequência, possuímos hoje paróquias muito grandes, mais as comunidades e capelas que lhe estão associadas, e o padre precisando atender quarenta, cinquenta comunidades. Há sacerdotes que têm de atender perto de cem delas. Desse modo, a presença do presbítero acaba sendo muito rara e, portanto, também muito pouco influente na vida religiosa do povo que está ali. Isso se agravou porque já não somos mais aquela sociedade que era cristã e se pautava pelos valores evangélicos, de modo que a ausência do padre era suprida pela cultura, pela escola, pela família. Tudo cultivava os valores cristãos. Hoje vivemos numa sociedade secularizada, laicizada, arreligiosa — ou mesmo antirreligiosa.

Anticlerical...

Sim, e é dentro dessa sociedade que os católicos têm de viver. Por um lado, falta o padre; de outro, a sociedade deixou de ser favorável, de valorizar a fé que você professa. É por isso que se diz que a comunidade precisa de um pastor que viva com ela, que esteja junto, que chore, que ria, que festeje ao lado dela, que a aconselhe, encoraje e reze. Aí, sim, o povo se sentirá encorajado a viver sua fé mesmo numa sociedade que não dá muita importância ao aspecto religioso. É natural, então, que a Igreja toda esteja se perguntando o que e como fazer. Devemos rezar pelas vocações, é claro, e também destinar muito mais forças à formação do clero; ao mesmo tempo, a Igreja terá de conseguir trazer novas soluções, por assim dizer. Sempre digo que essa é uma questão que um padre ou um bispo não vai solucionar. É a Igreja como tal que tem de se reunir, discutir e decidir por novos caminhos. Todos nós vemos, segundo penso, que há necessidade de aprofundar e ter novo discernimento sobre a questão dos ministérios ordenados, mas é a assembleia da Igreja que tem de tomar decisões.

Durante séculos houve a possibilidade de sacerdotes casados.

Sim, e existe também hoje entre nossos irmãos católicos de rito oriental. A questão do celibato é importante porque constitui de fato um carisma valioso para a Igreja. A Igreja não o desvaloriza jamais — tanto que os religiosos fazem voto de castidade, que no fundo é também um voto de celibato. Esse grande valor a Igreja não pode perder: tem, antes, de valorizá-lo e fortificá-lo. Outra questão é se os ministros ordenados devem obrigatoriamente ser celibatários ou não.

O senhor participou do conclave que elegeu o Cardeal Ratzinger e do conclave que elegeu o Cardeal Bergoglio. Falando agora do primeiro, o que levou à escolha de Bento XVI? Um movimento seguro, de continuidade, talvez?

Ah, mas você pergunta demais! Preciso consultar o Espírito Santo!

A morte do Papa João Paulo II deu fim a um pontificado muito longo — dos mais longos da história da Igreja. O que posso falar sobre isso? Haveria tanto a ser dito. O certo é que Ratzinger era o prefeito da Congregação para a Doutrina da Fé e estava muito próximo do Papa João Paulo II. Era-lhe uma espécie de braço direito, que o ajudava em seus textos e coisas do gênero. Naturalmente, os que quisessem continuidade poderiam pensar nesse sentido. Eu, de fato, não saberia dar uma resposta. Não tenho nenhuma análise a fazer sobre o assunto.

Pude cobrir o conclave de 2013. Era possível intuir, nas assembleias dos cardeais, uma forte preocupação com o que vinha acontecendo no Vaticano. Talvez se tratasse do escândalo dos vazamentos de documentos confi-

denciais, da situação do Banco do Vaticano, das repercussões incessantes dos escândalos sexuais... Era esse de fato o clima? A renúncia de um papa já fora algo inédito, a deixar muitos assustados. O Papa Francisco surge, então, como opção de mudança? Era jesuíta, latino-americano...

Penso que esse fator pesou bastante. De todo modo, não se pode avaliar a eleição de um papa apenas segundo critérios humanos, pois acreditamos, pela fé, que Deus guia a história, a sua Igreja, sem porém tirar, é claro, a liberdade dos cardeais que votam. Deus decerto procura nos inspirar, mover as consciências... É nisso que cremos. Sob um aspecto puramente humano, havia mesmo esses fatores que você mencionou, pois causavam perplexidade. Além disso, a imprensa não desistia de bater na Igreja. Eu chegava a dizer que certo segmento da imprensa dava a Igreja como terminada, como uma página virada na história humana. E então aparece o Papa Francisco... Com suas atitudes, tiveram de reabrir essa página.

Eu mesmo fiquei impressionado. Todos nos lembramos do Papa Francisco no alto da sacada, tendo o senhor ao lado dele. Muita gente não sabia quem era o Cardeal Bergoglio. Mais de meia década depois, é possível dizer que ele conseguiu fazer as mudanças que desejava?

Algumas mudanças são processos; outras se dão por decreto. Por decreto, o Papa Francisco realizou várias mudanças — algumas coisas estruturais, sobretudo no que diz respeito à organização da Cúria Romana. Quanto aos processos, a própria encíclica *Evangelii gaudium* nos revela seu programa: transformar toda a Igreja numa Igreja missionária. Está lá no primeiro capítulo.

Ele resgata a Conferência de Aparecida.

Exatamente. Resgata a missão continental, a missão de ser discípulos e missionários de Jesus Cristo. Seu grande projeto é a "Igreja em saída", rumo a todo tipo de periferia, as físicas e existenciais. E para fazer o quê? Anunciar Jesus Cristo e praticar, concomitantemente, a misericórdia. A partir deste documento, muitas coisas começaram a mudar. Outro exemplo é a *Amoris laetitia*, o documento sobre as famílias...

E que vem sendo duramente criticado por alguns cardeais, bem como por leigos e teólogos.

Esse documento é fruto desse desejo de transformar a Igreja numa Igreja mais misericordiosa, uma Igreja que aposta mais na misericórdia do que na lei. Também a *Laudato si'* resgata o aspecto da pobreza, da justiça social. Ele comenta que, a exemplo dos pobres, também a natureza vem sendo espoliada, deturpada, contaminada, destruída. Os dois são uma questão só; os dois estão gritando, e trata-se de um mesmo grito a pedir misericórdia. Tanto a *Amoris laetitia* quanto a *Laudato si'* tiveram forte impacto na Igreja e no mundo. Eu estive na Conferência das Nações Unidas sobre as Mudanças Climáticas, a COP21, em Paris, e percebia-se como fora fundamental a abordagem oferecida pela *Laudato si'*.

O documento ainda tem o mérito de ter sido a primeira encíclica ambiental da história.

Sim. E essas coisas mudam a Igreja. Naturalmente, as pequenas coisas dependem muito de cada indivíduo, de quanto ele se empenha, mas nas grandes linhas há mudanças. A questão da Cúria Romana, por exemplo: ela vai ainda sendo reformada, mas os resultados desse processo hão de permanecer.

Outra coisa que me surpreende muito no Papa Francisco é seu processo de escolha de cardeais. Quem não tem qualquer relação com a Igreja talvez deixe passar o fato despercebido, mas a intensificação, por ele operada, da internacionalização do colégio cardinalício é muito relevante. Pode-se questionar os reflexos que isso terá num futuro conclave.

Sempre há reflexos, é claro. Mas o motivo primeiro que faz o Santo Padre agir assim é sua valorização dos pequenos, dos esquecidos, daqueles a que ninguém dá valor. Reflete, um pouco, o que a Bíblia indica: Deus se aproxima dos que não parecem ter importância nenhuma para a sociedade. O Papa Francisco revela desse modo sua visão de como viver a nossa fé, o nosso Evangelho. Não é pelo fato de eu ser, por exemplo, arcebispo de São Paulo, uma grande cidade, que teve cardeais antes, que é preciso me fazer cardeal. Não é essa a visão do Santo Padre. Fatores assim têm certo peso, é claro, mas não o peso fundamental. Não se trata do primeiro critério, que deve ser, antes, quem é a pessoa em questão, como se relaciona com a sociedade, de que modo manifesta misericórdia, amor aos pobres, missionariedade... Por outro lado, aquele improvável candidato a cardeal, que porém é escolhido, se sente encorajado, sabendo que o papa volta seu olhar para ele e o valoriza.

E, num contexto assim, esse novo Colégio de Cardeais talvez se sinta encorajado a conservar essa "surpresa" que é ter na Sé de Pedro alguém fora da Europa, não obstante haja quem diga que é preciso voltar-se para o continente europeu novamente.

Creio que isso conte menos hoje. Sempre tem quem mencione esse ponto, mas a Igreja nunca teve a territorialidade como primeiro critério. É verdade que, por longos anos, tivemos papas apenas italianos, mas depois do Concílio Vaticano II isso foi muito relativizado. E de tal modo que houve a eleição do Cardeal Wojtyla. Tratava-se de um passo muito grande, pois confirmava que o cristianismo, a fé cristã, deve ser capaz de se inculturar nas várias culturas. Depois, a eleição de um latino-americano — o Papa Francisco — foi um passo ainda mais à frente. Essa inculturação é uma das grandes questões dos tempos de hoje. Foi tema também da Conferência de Santo Domingo. Como inculturar o Evangelho nas diversas culturas, de forma a termos uma Igreja diferenciada segundo cada uma? Eis o que aconteceu nos primórdios do cristianismo, que se foi formando a partir do Império Romano, da Grécia, de Jerusalém — enfim, daquilo que constitui as grandes fontes do que chamamos hoje de cultura europeia. De tal maneira essa inculturação europeia foi bem-sucedida que, durante muitos séculos, o missionário achava que deveria sair da Europa para implantar uma Igreja europeizada na África e na América Latina. Não é necessário deixar de ser africano para ser cristão. Não é necessário deixar de ser índio para ser cristão. Essa questão volta com muita força nos dias de hoje. O caso da Amazônia é um exemplo: ao contrário do que ocorre conosco em virtude de nossas origens, para os índios uma Igreja que tem matizes da cultura europeia é um pouco estranha. O mesmo ocorre com os africanos, com os asiáticos... Isso mostra que temos um grande desafio pela frente. Por isso digo que o fato de o Papa Francisco não ser propriamente da Europa tem um significado muito grande. Mostra que a Igreja pode e deve ser multicultural. É preciso haver, sim, unidade na Igreja, mas unidade na diversidade e, portanto, portas abertas a um trabalho missionário diferenciado.

O Papa Francisco também vem falando muito da corrupção. Disse, há pouco tempo, que para os pecadores há salvação, mas não para os corruptos. Mencionou também o tema na mensagem enviada aos brasileiros quando das comemorações dos trezentos anos de Nossa Senhora Aparecida. O senhor pode comentar um pouco sobre isso? Levando em consideração a situação atual do país, os recados do Santo Padre são bem diretos.

Numa de suas falas — não me recordo precisamente quando foi, nem mesmo se tratou-se de algum discurso, de alguma homilia —, o Papa Francisco declarou que a corrupção é uma questão de dinheiro, de divinização do dinheiro. Em seguida, recordou-nos que foi o próprio Jesus Cristo quem disse que não podemos servir a Deus e ao dinheiro: ou optamos por dar valor máximo e prioridade ao dinheiro ou a Deus. Logo me veio à mente que nossos livros de moral falam muito pouco disso, isto é, da enorme oposição que existe entre Deus e o dinheiro, que aqui interpreto como uma acumulação de riqueza gerada a partir da exploração dos outros, da ganância desmedida, do roubo ou da corrupção. Se você, seu grupo ou seu ambiente de influência veem a vida como mero campo para ganhar o máximo de riqueza, às custas de qualquer coisa, fazendo com que os fins justifiquem todo e qualquer meio, viverá em oposição à vida evangélica.

Ao longo de nossa conversa, mencionamos algumas vezes o Vaticano II e seu significado. Hoje, no entanto, chega a crescer o número de pessoas ligadas aos grupos ditos tradicionalistas, chegando a se opor ao último Concílio e à reforma litúrgica. Tratar-se-ia de uma espécie de busca do passado?

A Igreja sempre teve, é claro, aqueles que eram mais conservadores, ou até mesmo tradicionalistas — tradicionais, não, pois a Tradição todos nós aceitamos e valorizamos muito. Afinal, a Tradição é o modo como a Igreja viveu a fé através da história. *Tradere*, em latim, quer dizer entregar: a Igreja entrega para a geração futura sua experiência de fé, de como ela a entendeu e viveu. Assim, cada geração pode acrescentar a própria experiência a isso, bem como purificar tudo o que não tem a ver com a fé e que só se deu por razões circunstanciais. A Tradição, portanto, nós todos temos por muito válida, pois é uma das fontes de nossa fé.

O tradicionalismo, por outro lado, vai àquilo que está no passado e deseja passá-lo petrificado para a frente, sem que se possa mexer em nada. Sempre há quem aposte nisso, e às vezes se diz que há por trás dessas atitudes certos interesses pessoais ou de determinados grupos. Não obstante possa haver esses interesses, há outros fatores concomitantes: as pessoas sofrem muita influência da própria experiência de vida, da própria educação. Assim, podem ter receio de coisas novas, por exemplo. Acho que também por isso o Santo Padre tantas vezes nos disse para não termos medo do novo, que a Igreja tem de caminhar e não pode ficar sentada, quanto mais olhando para trás. Naturalmente, não se trata de obrigar ninguém a isso, mas de conscientizar as pessoas, encorajá-las a andar para a frente, deixar o medo e as seguranças. A fé não se baseia em seguranças humanas; é Deus quem nos orienta, quem nos faz caminhar com a humanidade. A humanidade caminha e você tem de caminhar junto, mostrar o caminho, acender luzes. Acho, portanto, que a posição que você menciona consiste numa espécie de autodefesa, no medo do novo, num agarrar-se a seguranças que, no fundo, não são seguranças de modo algum. Trata-se de pessoas que acabam por se tornarem legalistas e defensivas, escondendo-se atrás de muros. Isso existe hoje, existiu no passado e sempre vai existir.

Paralelamente, vai o Santo Padre pelo mundo se reconhecendo pecador, enquanto muitos tentam se erigir em exemplos de santidade. É um sinal da parte de Francisco.

Sim, e um sinal forte, sinal de que todos, sem exceção, devemos fazer discernimento constante sobre nós mesmos. Sei que há certo tempo ele se encontrou com alguns franciscanos e franciscanas em Roma — mais de cem pessoas —, e logo no início começou a falar sobre a relação de São Francisco de Assis com o papa. E então brincou, lembrando que São Francisco dizia "O senhor papa". O recado era algo como: "Vocês me chamam de 'santidade', mas São Francisco dizia apenas 'senhor papa', porque o papa também é pecador."

Ele se coloca num plano mais igual.

Ele certamente tem isso. E há algo mais que me chama a atenção: o Papa Francisco fala muito de uma cultura do encontro e do diálogo. Isso lhe é fundamental. Ele vai para Myanmar, vai para Bangladesh... Encurta distâncias! Como aqueles teriam muita dificuldade de vir, ele vai — e vai para dialogar, para sugerir, para perguntar: "Quem sabe não poderíamos fazer de outra forma?" Isso marca. Mesmo nos Sínodos que convoca, sempre pede que os bispos falem com coragem, dizendo o que de fato pensam, sem conjecturar o que o Santo Padre gostaria que eles dissessem. O diálogo também exige que se confie no outro do mesmo modo como ele confia em você.

O senhor tem como lema algo que diz muito respeito a isso: Omnes vos fratres — *"Vós sois todos irmãos."*

Sim, Jesus mesmo o diz no Evangelho de Mateus.

Somos todos irmãos. Como o senhor vê isso num Brasil hoje tão dividido? É possível aplicar o lema numa sociedade tão polarizada?

Não se fazem saltos, certamente não. É preciso construir isso aos poucos. Lembro novamente do Papa Francisco, que diz que temos de caminhar juntos, sem conflitos, como irmãos e amigos, respeitando nossas diferenças, iluminando-nos uns aos outros e iluminando a sociedade ao longo do caminho.

Dom Cláudio, o senhor já está com 83 anos. Como é o seu diálogo com o Senhor? Como são as suas orações?

Eu sou um pobre agente de Deus. O Santo Padre me ensinou muito isso. Ajudou-me muito no âmbito espiritual, para dizer a verdade.

É mesmo? Por quê?

Porque ele me confirmou algumas certezas que eu já tinha, bem como certas intuições — coisas que, quando são ditas pelo papa, dão-nos tranquilidade maior. Para mim, o que há de mais importante em nossa relação com Deus é confiar na misericórdia dele, saber que ele nos compreende, nos encoraja. Tudo isso que o Santo Padre diz que a Igreja precisa fazer deve ser feito por nós, pessoalmente. Não temos de olhar para Deus como se viesse para nos repreender, mas para nos consolar, perdoar, abraçar e estimular. Deus quer dizer que nos perdoa quando desejamos ser perdoados, que se solidariza, que sabe que tropeçamos, mas ainda assim segue conosco. Viver isso no dia a dia nos muda muito.

A própria Eucaristia é tratada, por ele, como consolo para pecadores, e não prêmio para santos e perfeitos.

Sim, a Eucaristia é força para os pecadores, embora não haja nisso tanta novidade: sempre foi dito pela Igreja.

Mas ela não teria se afastado um pouco dessa face misericordiosa em algum momento?

Precisamente, como resultado de certo rigorismo.

O senhor possui uma visão histórica da Igreja muito privilegiada. Paulo VI o elevou ao episcopado. São João Paulo II o fez arcebispo e cardeal. Bento XVI o colocou como prefeito da Congregação para o Clero. Esteve também no conclave que elegeu o Papa Francisco. O senhor poderia falar um pouco sobre essas figuras tão distintas?

Houve ainda Pio XII, que conheci como jovem seminarista. Lembro-me dele apenas para dizer que era uma figura máxima, que nutríamos por ele uma admiração e veneração imensas.

Por quê?

Pelas tantas coisas que a gente ouvia sobre ele, por tudo o que chegava até nós. Depois veio João XXIII. No começo, todo mundo se perguntava quem era aquele homem. Fui conhecê-lo depois em Roma, onde estudei. Era um pai, tinha um coração enorme — alguém muito humano e evangélico. Havia algo especial em sua espiritualidade, pois se tratava de um homem da roça, filho de agricultores. A simplicidade do dia a dia dos agricultores era, nele, transposta ao relacionamento com Jesus Cristo. Era um papa muito bom.

Iniciado o Concílio, veio Paulo VI, o grande homem do Vaticano II. Sofreu muito por causa do Concílio, tendo dificuldades também depois. Essas dificuldades vinham sobretudo da Europa, que tinha mais "teologia" e teorias do que o resto do mundo, por assim dizer. Se tomarmos a América Latina, percebia-se que suas comunidades eram muito mais pastorais.

Chegou depois João Paulo I, por alguns dias apenas. Era o papa do sorriso. João Paulo II, por sua vez, foi o homem das multidões e das viagens. Foi ele quem deu início, no fundo, à ideia da "Igreja em saída". Ele começará a encurtar as distâncias, às vezes enfrentando situações muito ambíguas, que não se sabia muito bem como interpretar. Isso era compreensível, é claro, pois o mundo possui muitas regiões cinza; não é claro como preto e branco.

Aquele era um momento de muitas transformações.

Exato. E, na ambiguidade, é preciso tomar decisões. João Paulo II teve de pregar nessas circunstâncias o Evangelho de Jesus Cristo, anunciar aquela máxima a que ele se referia: "Abrir as portas para Jesus Cristo." No começo, fez isso ainda dentro de uma visão polonesa, mas aos poucos assumiu uma visão muito global, internacional, aberta. João Paulo II foi um grande homem. Em sua relação com a Igreja na América Latina daquele momento histórico, houve muitas discussões por seu modo de entender a Teologia da Libertação.

Depois dele, o Papa Ratzinger. Sempre digo que Bento XVI permanecerá na história como um grande mestre da fé.

Era um grande teólogo.

Um grande teólogo, sim, mas um grande mestre da fé, pois ele não fazia só teologia. Sabia dizer as coisas mais profundas de uma forma simples e espiritual. Ao ler seus textos, você não faz um mero exercício intelectual; você é imediatamente conduzido às coisas de Deus, ao mundo de Deus, ao mundo do Evangelho.

Chegamos enfim a Francisco, homem dos pobres, da paz e do cuidado de nossa casa comum. Trata-se de um homem profundamente latino-americano, mas também universal. É alguém muito inteligente, com uma capacidade de percepção enorme; sintoniza-se rapidamente com o imediato e sabe dizer as palavras certas. Até mesmo seus silêncios impactantes, como em Auschwitz, clamam alto. Em Auschwitz todos se perguntavam o que iria dizer, mas ele ficou em silêncio, e isso disse mais do que qualquer palavra que tivesse pronunciado. Eu dizia antes que João Paulo II, com suas muitas viagens, foi um papa em saída, que desejava uma "Igreja em saída". Também o Papa Francisco quer uma Igreja assim, mas acrescentou que esta saída deve ter por prioridade as periferias. Sair para as periferias. Do mesmo modo, o Santo Padre possui enorme capacidade de atentar para aquilo que está na sua frente. Quando vai abraçar um pobre, um doente, na Praça de São Pedro, ele não está fazendo isso para ser manchete ou modelo. Antes, ele o faz por causa da pessoa que se encontra ali, daquele que está precisando de um abraço e um encorajamento. Trata-se de verdadeira misericórdia. Isso me impressiona muito nele. Muito.

O Santo Padre revelou que o senhor lhe disse, ao fim do conclave: "Não se esqueça dos pobres." Isso fez com que ele pensasse no nome de Francisco... e que o senhor fosse convidado a estar ao lado dele na sacada que dava para a Praça de São Pedro, em sua primeira aparição pública como sucessor de Pedro. Minha última pergunta é: o senhor está satisfeito com esse pontificado? Era o que o senhor esperava?

Está sendo muito mais do que eu esperava, e por isso estou muito feliz com o Papa Francisco, realmente muito feliz. Espero que Deus lhe dê um longo pontificado, bem como força para fazer tudo o que deve fazer.

Dom Odilo Scherer

Conheci o Cardeal Dom Odilo Pedro Scherer quando ele se tornou secretário-geral da Conferência Nacional dos Bispos do Brasil, em 2003. Dez anos depois, porém, um fato marcaria muito minha impressão do arcebispo de São Paulo. Já era início da noite do dia 22 de fevereiro de 2013. Naquela sexta-feira, chovia na maior capital brasileira. Poucos dias antes, o Papa Bento XVI havia anunciado sua decisão de renunciar. Em Roma, o nome do cardeal brasileiro era especulado como papável pela imprensa italiana.

Por isso, o mundo católico começava a observar com lupa os passos de Dom Odilo. Justamente naquela noite, o cardeal passaria por um dos principais testes no comando da maior arquidiocese do país. Estudantes e professores faziam uma manifestação agressiva na Pontifícia Universidade Católica de São Paulo, em virtude da escolha, por parte do cardeal, da professora Anna Maria Marques Cintra como reitora da PUC-SP.

Na posição de grão-chanceler da PUC, Dom Odilo optou pelo terceiro nome da lista tríplice que lhe fora apresentada. E não se intimidou com as duras agressões. Celebrou uma Missa na igreja da instituição. Em seguida, cercado por padres e bispos auxiliares de São Paulo, prosseguiu para realizar outro ato religioso no Pátio da Cruz, também na universidade. Estudantes e até professores fizeram manifestações fortes contra símbolos da Igreja, e até mesmo contra o Papa Bento XVI. Dom Odilo, porém, manteve o ato de reparação junto à Cruz.

Quase cinco anos depois do ocorrido, ele pôde comentar o episódio na entrevista para este livro. "Houve então todos aqueles atos de contestação, entre eles certos atos injustificáveis de ofensa: ofensa a Deus; ofensa a sinais cristãos muito caros, como a Cruz; ofensa ao papa e à Igreja... Então, era preciso dar um claro sinal, o que foi feito mediante a celebração de uma Missa em reparação na paróquia universitária, seguida de um ato de reparação junto da Cruz no pátio chamado Pátio da Cruz. Ela foi objeto, sim, de desrespeito. Fizemos o que era necessário naquele momento, sinalizando também que não se justificava o que fora cometido e que a Universidade Católica não podia deixar de empreender um gesto claro de afirmação do que era justo", disse.

Pouco antes desse episódio em São Paulo, eu tinha me encontrado com o Cardeal Dom Geraldo Majella Agnelo, arcebispo emérito de Salvador. O mundo católico se preparava para o conclave, que aconteceria pouco tempo depois. E Dom Geraldo pediu que eu ficasse atento a seu amigo Dom Odilo, com quem viria a me encontrar novamente dias depois, já em Roma. Parece que a orientação de Dom Geraldo tinha sido dada não apenas para mim, mas a todos os veículos de imprensa que participavam da cobertura no Vaticano. O cardeal brasileiro passou a ser acompanhado de perto por jornalistas de veículos dos mais diversos países. Todavia, na semana seguinte o escolhido na Capela Sistina seria outro purpurado da América do Sul: o argentino Jorge Mario Bergoglio, o Papa Francisco. "Embora jamais haja unanimidade nos conclaves e sempre existam tendências e pensamentos diversos — o que é totalmente legítimo e compreensível —, havia ali ideias bastante claras. Tinha-se uma compreensão boa do perfil almejado. Desse modo, a escolha do Papa Francisco se apresentou como resposta a uma espécie de consenso quanto às necessidades da Igreja. Para quem participou do conclave, não surpreendeu. Ela esteve dentro de uma lógica."

Dom Odilo não mudou desde o início dos anos 2000, quando viajava frequentemente para Brasília. Como secretário-geral da CNBB, costumava ser direto durante as entrevistas. Oficial da poderosa Congregação dos Bispos, na Cúria Romana, de 1994 até 2001, Dom Odilo regressou ao Brasil já apontado como uma grande promessa entre os prelados do país. Logo, viraria bispo auxiliar do Cardeal Dom Cláudio Hummes, em São Paulo. Depois de sua passagem pela CNBB, foi escolhido para substituir o próprio Dom Cláudio, que foi morar em Roma com o propósito de co-

mandar a Congregação para o Clero. Durante a visita de Bento XVI ao Brasil, em 2007, Dom Odilo ganhou grande visibilidade na condição de anfitrião do Santo Padre em São Paulo. Naquele mesmo ano, seria elevado a cardeal.

No entanto, foi com aquela mesma sinceridade do tempo em que o conheci na CNBB que Dom Odilo me recebeu na Cúria de São Paulo, no elegante bairro de Higienópolis, para essa longa entrevista no dia 28 de novembro de 2017.

Para começarmos: diga como o jovem Odilo se tornou Padre Odilo.

Desde menino eu quis ser padre. Isso me era algo bastante familiar. Era comum nas famílias de minha região que surgissem vocações. Havia padres, religiosas e religiosos entre os meus parentes... Tive irmãos que chegaram a ir para o seminário antes de mim, embora não tenham continuado. Assim, também eu tive o desejo de ir para o seminário e ser padre. Não se tratou de algo que veio de uma hora para outra.

Isso se deu no interior do Rio Grande?

Eu apenas nasci no interior do Rio Grande do Sul, na região missioneira, mas cresci no Paraná, na Diocese de Toledo, e foi ali, portanto, que aos 13 anos fui para o seminário. Aquela foi precisamente a época em que se fundou a Diocese de Toledo, e meu pai esteve na posse do primeiro bispo. À noite, quando estávamos todos à mesa, meu pai nos contou como fora a posse e que o bispo queria fundar um seminário para formar padres para a diocese. Então o pai falou para nós, os filhos: "Olha, o primeiro de vocês que quiser ir para o seminário irá para o seminário do bispo." E esse fui eu.

De fato, em 1962, ingressei na primeira turma do seminário da Diocese de Toledo. Fui o primeiro na ordem de matrícula, inclusive, pois cheguei bem cedo. Depois, fiz estudos em Curitiba, até ser padre. Foi assim. Naturalmente, a vocação vai sendo descoberta. Você vai correspondendo a ela pouco a pouco. Uma coisa, portanto, é o desejo do menino; outra, aquilo que vai se desenvolvendo devagar, dando tempo para ver se é aquilo mesmo ou não. Não se trata de algo já predeterminado: há todo o processo do discernimento vocacional, do amadurecimento e da livre escolha.

Passado tanto tempo desde sua ordenação sacerdotal, é possível dizer quais são, hoje, na visão do senhor, os maiores obstáculos para os padres brasileiros?

No fundo, a missão do padre é sempre a mesma ao longo da história, mas ela se desenvolve condicionada também ao momento histórico, ao momento da Igreja, ao momento da cultura. Acho que, no Brasil, há muitas situações diferentes a representar desafios grandes para o sacerdote. Imagino que ser padre na Amazônia não é a mesma coisa que ser padre em São Paulo ou no interior do Rio Grande do Sul. As dificuldades da Amazônia exigem não só uma grande energia espiritual, mas também física, e muita fortaleza para enfrentar situações de alto grau de responsabilidade. Noutros ambientes as dificuldades talvez sejam aquelas da cultura pós-moderna — penso que pode ser esse o caso das grandes metrópoles, nas quais o trabalho do presbítero pode aparentar não ter muito efeito, como se se trabalhasse por nada. De todo modo, existem diversos tipos de dificuldades, diversos graus de obstáculos no desempenho da missão sacerdotal.

O senhor fala das grandes metrópoles, e uma das maiores da América Latina é a sua. São Paulo tem suas contradições, suas polarizações, suas ideologias. Mesmo dentro da Igreja local as correntes são muitas: vertentes tradicionalistas, vertentes mais progressistas, atuações mais ou menos públicas do clero... Como é ser cardeal-arcebispo de uma cidade assim?

O que você menciona não ocorre apenas na Igreja, mas na sociedade em geral. Há nela toda essa gama de posições, de ideologias, de pensamentos. Temos isso também na Igreja, naturalmente, pois ela é parte da sociedade e, por isso, não está isenta das mesmas tendências, das distintas convicções e posturas, das diversas leituras dos fatos e da vida. Para mim, isso é estimulante, mas devemos ter sempre como norte aquilo que é essencial e deve permanecer como referência firme, acima de todas as tendências. Eis por que tenho de estar sempre atento, a fim de manter não só para mim, mas também cultivar em toda a Igreja que me foi confiada um equilíbrio sadio entre as inclinações diferentes. Falo das tendências legítimas e que não devem ser contrapostas, mas aceitas reciprocamente, naquilo que é uma sadia diversidade de opiniões, de posturas. Ao mesmo tempo, conserva-se o que deve ser mantido como referência de unidade, de comunhão. Lembro sempre aquilo que Santo Agostinho dizia: no essencial, unidade; no secundário, liberdade; em tudo, caridade. Parece-me que essa é uma boa diretriz para vivermos num mundo tão diversificado.

Levando isso a um plano mais amplo, o senhor também pôde vivenciar a mesma diversidade, em maior ou menor dimensão, na Igreja Universal. Acompanhou São João Paulo II — foi ordenado bispo por ele —, acompanhou Bento XVI, que o fez arcebispo, e participou do conclave que acabou por eleger o Papa Francisco. Não há como não perguntar como o senhor avaliaria as diferenças e as linhas de continuidade entre essas importantes figuras da Igreja do nosso tempo.

Bem, a linha de continuidade é justamente a missão da Igreja: cada papa é também um servidor dessa missão, e nisso a continuidade acontece. Ela não se dá tanto no agir de um pontífice, de outro, de um terceiro, mas encontra-se na base da Igreja. A partir do Evangelho de Jesus Cristo, temos o patrimônio espiritual daquilo que chamamos Tradição da Igreja. É esse o filão, o fio condutor da vida da Igreja. E é isso a que cada papa e cada bispo servem — com expressões diversas, é claro, segundo a personalidade e o jeito de cada um, sua formação e experiência, os tempos em que vivem.

Se tomarmos os papas pós-conciliares — Paulo VI, João Paulo I, não obstante sua morte precoce, São João Paulo II, Bento XVI e Francisco —, todos têm em comum o desejo de levar avante aquilo que foi a grande questão posta pelo Vaticano II. Cada qual dá destaques diversos porque, também desde o Concílio até nossos dias, os tempos evoluíram, situações novas se apresentaram, exigindo tomadas de posição claras da Igreja, ou ainda orientações específicas para que se mantivesse a continuidade também no desenvolvimento e na concretização do pensamento conciliar. Mas, repito, é inevitável que cada qual também dê uma marca própria ao seu pontificado.

O período do último conclave ainda está muito fresco na minha memória, assim como na de muita gente. Mas não há como falar nele sem recordar a renúncia que o antecedeu. O senhor também foi surpreendido pelo gesto de Bento XVI? Como Dom Odilo vê essa atitude?

Eu conhecia um pouco do Papa Bento XVI. Não profundamente, mas o suficiente para intuir que se tratava de um homem muito coerente, para o qual não estava descartada a possibilidade de renunciar caso não se sentisse capaz de continuar à frente da missão que lhe fora confiada. Essa era uma certeza que eu trazia dentro de mim, e sobre a qual, naturalmente, nunca falei a ninguém.

Quando se anunciou a renúncia, eu acabara de chegar a Roma para uma reunião. Tomei conhecimento pela Rádio Vaticano. É claro que fiquei surpreso como todo mundo, mas minha interpretação imediata foi esta: era um gesto de grandeza, fruto de uma enorme clareza de decisão, de discernimento — relacionada a si mesmo, mas sobretudo com o bem da Igreja. Como ele mesmo falou, já não se sentia na condição de levar avante seu trabalho, e portanto pediu que um conclave escolhesse um sucessor que pudesse fazê-lo melhor. Achei este um gesto de imensa humildade, de imensa coragem, grandeza e generosidade. Bento XVI colocou o bem da Igreja acima de qualquer coisa.

E então o conclave, do qual o senhor participou, acabou escolhendo o Cardeal Bergoglio para a Sé de Pedro. Esta não é uma escolha vista como opção por uma continuidade. Foi mesmo uma atitude de mudança por parte do colégio cardinalício?

Não avalio assim o conclave. Antes, vejo-o muito mais a partir daquilo que surgira naqueles dias nas congregações gerais, antes do processo de eleição. Essas reuniões foram muito importantes. Os cardeais se expressaram com grande liberdade, refletindo sobre a situação e as necessidades da Igreja e procurando, dessa forma, traçar o perfil de quem poderia assumir essa missão. A meu ver, foi ali que se deu o grande discernimento para a escolha do papa, e de tal maneira que o conclave acabou sendo rápido. Embora jamais haja unanimidade nos conclaves e sempre existam tendências e pensamentos diversos — o que é totalmente legítimo e compreensível —, havia ali ideias bastante claras. Tinha-se uma compreensão boa do perfil almejado. Desse modo, a escolha do Papa Francisco se apresentou como resposta a uma espécie de consenso quanto às necessidades da Igreja. Para quem participou do conclave, não surpreendeu. A escolha ficou dentro de uma lógica.

Meia década depois, é possível dizer que as observações feitas pelas congregações gerais foram colocadas em prática?

Tenho para mim que o Papa Francisco tem diante de si aquelas sessões. Aquilo sem dúvida ficou como referência para seu pontificado. Ao mesmo tempo, ele traz consigo um perfil próprio, uma marca sua. Como bispo, trabalhou na América Latina, participou da Conferência de Aparecida... Essas marcas foram traduzidas na exortação apostólica *Evangelii gaudium* e continuam a sê-lo em outros documentos. Como era de se esperar, nesses cinco anos de pontificado o Papa Francisco também ampliou enormemente a percepção da vida e das questões da Igreja a partir do lugar em que se encontra. Sua percepção é agora universal, riquíssima tanto no que diz respeito à variedade como no que diz respeito à profundidade e, também, aos problemas.

Paralelamente a essa nova percepção da Igreja que o Papa Francisco vem naturalmente ganhando, o Colégio de Cardeais vai se internacionalizando mais e mais. Os países ditos periféricos ganham força inédita na Cúria. A impressão é de que se delineia um futuro conclave ainda mais surpreendente.

Essa internacionalização já teve início mesmo antes do Concílio, ainda que fosse discreta. Depois, com Paulo VI, a nomeação de cardeais começou a se ampliar. Na África, até o Concílio, havia pouquíssimos bispos autóctones. Em geral, eram missionários. Depois do Concílio isso mudou e, consequentemente, passou a haver nomeação de cardeais autóctones também. Agora, é claro que isso se acentuou muito com São João Paulo II.

Com o Papa Francisco, mais do que a internacionalização pura e simples, o que se tem é o olhar para as periferias da Igreja e do mundo, para países que, no que diz respeito ao número de fiéis ou à participação missionária, aparentam não representar muito. Francisco quer dizer: "Esses também devem participar das grandes questões da vida da Igreja, devem trazer sua contribuição das periferias, sejam geográficas, culturais ou eclesiais."

Em 2013, eu estive cobrindo o conclave e pude encontrar o senhor. À época, seu nome era indicado como forte candidato à Sé de Pedro, e não apenas pela imprensa brasileira. Olhando hoje em retrospecto, como o senhor vê Dom Odilo como "papável"?

Alguém disse, à ocasião, que havia dois conclaves: um que se fazia dentro e outro fora da Capela Sistina. É evidente que a opinião pública vai um pouco ao sabor daquilo a que ela é levada, e isso pode não corresponder à realidade. Então eu me surpreendi, sim, quando ao sair do conclave tomei conhecimento de que havia toda essa movimentação em torno do meu nome. Muito disso se deveu à imprensa, e não sei como esse tipo de expectativa foi plantado entre os jornalistas; seria preciso estudar um pouco a lógica da circulação das ideias e da criação de fatos para além do fato em si. Da minha parte, como falei, foi uma surpresa, mas não me fez perder a serenidade. Estive inteiramente atento ao que vinha sendo tratado e definido, participando ativamente do conclave enquanto membro do colégio cardinalício.

Lembro-me até de outros cardeais comentando seu potencial para o papado. De todo modo, foi eleito outro papa latino-americano. No fundo, havia alguma lógica nesse movimento, não?

Bem, é compreensível que se desejasse um pontífice latino-americano. Sem dúvida esse desejo da Igreja latino-americana existia, embora isso não fosse sempre expresso claramente. Era um desejo presente na Igreja, e havia muitos bons candidatos. Entre eles foi escolhido naturalmente um, o Cardeal Bergoglio, Papa Francisco, que está indo muito bem.

A Igreja na América Latina, a propósito, traz algumas peculiaridades, das quais o Brasil dá bons exemplos. São Paulo, de modo especial, sofreu uma influência muito forte da Teologia da Libertação. Tudo isso motivado também, em parte, pela proximidade do ABC Paulista, pelos movimentos sindicais... São João Paulo II e Bento XVI manifestaram grande preocupação com a propagação desse tipo de ideologia, ao menos da forma que ela assumia nos meios eclesiásticos à época. Essa é uma questão solucionada? Restam atritos?

A Teologia da Libertação teve seu momento, o seu ambiente, as suas motivações históricas. Hoje, já não seriam mais as mesmas. Além disso, como movimento teológico, percorreu a trajetória geralmente percorrida por outros movimentos: teve seu momento de afirmação, de crescimento e, por fim, de declínio. Hoje, a Teologia da Libertação claramente não goza da mesma expressão que possuía na década de 1980 e no início dos anos 1990. Mudou todo o conjunto de questões sociais, eclesiais...

O mundo se globalizou ainda mais, as formas de comunicação se aceleraram...

É claro, mas houve sobretudo a falência das ideologias totalitárias. Também por isso a Teologia da Libertação perdeu sua força. Muitos elementos veiculados pela Teologia da Libertação continuam válidos pois pertencem ao patrimônio do ensinamento da Igreja e de sua doutrina social. A preocupação de João Paulo II e Bento XVI com a Teologia da Libertação estava fundamentada no uso de uma teoria social materialista e na manipulação ideológico-política do pensamento teológico e da própria ação da Igreja. São João Paulo II saíra da Polônia e conhecia muito bem a experiência da submissão a uma ideologia totalitária e anticristã.

Comunista, em suma.

Orientada por um princípio claramente ateu. O risco era o de se colocar maior importância numa ideologia enquanto instrumento de mudança social, justificando assim o que a ideologia justificava e aprovava, incluindo nisto a violência — e, nesse caso, em nome da fé, em nome da religião, em nome da Igreja. Tratava-se de um grande risco. Mas São João Paulo II dizia que a Igreja precisava de uma *boa* Teologia da Libertação, bem empostada. Não ficava descartada uma teologia que pusesse em evidência as implicações sociais e políticas da fé, uma vida cristã que não se contentasse *apenas* com o aspecto ritual da fé. Não obstante a relevância do aspecto interior, é preciso ter sempre em mente as consequências da fé no plano da ética e da vida social.

Na outra extremidade vêm os tradicionalistas, cujo termo costuma designar os fiéis críticos ao Concílio Vaticano II e ao magistério pós-conciliar. O que diria o senhor sobre este outro lado? Por vezes se tem a impressão de haver várias igrejas paralelas dentro da Igreja.

Desde logo, houve grupos que não aceitaram o Concílio Vaticano II, sem porém abandonar a Igreja e pretendendo, inclusive, assumir a posição de verdadeiros representantes do pensamento da Igreja. Essa é uma situação anômala e que, de alguma forma, representa uma falta de comunhão verdadeira. Existem, naturalmente, diversidades legítimas de pensamento, mas não quando se toca em questões cruciais, como a unidade da Igreja em torno do Santo Padre, a legitimidade do papa enquanto chefe da Igreja, a validade da reforma da liturgia. Nesses casos, as coisas começam a ficar mais problemáticas. Naturalmente, desde Paulo VI, e passando por São João Paulo II e Bento XVI, a atitude assumida foi a da paciência, dando tempo ao tempo para que a situação pudesse pouco a pouco ser superada. No momento, infelizmente, notamos até certo aprofundamento dessa tendência de não aceitação do Vaticano II, o que é uma pena: cria mal-estar dentro da Igreja e beira, por vezes, uma espécie de fundamentalismo fechado ao diálogo franco e sincero. Há esperanças de que, superado esse momento, voltemos a ter maior serenidade.

Nas últimas décadas, surgiram muitos movimentos dentro da Igreja que enfatizavam, talvez em oposição à crise pós-conciliar, fidelidade ao magistério e à doutrina católica de sempre. A julgar pelos blogs e redes sociais vinculados a esses ambientes, tinha-se a impressão de que seriam celeiros de vocações. No entanto, muitos deles foram se desviando do caminho e vivendo momentos difíceis, crises internas... Os Arautos do Evangelho, que chegaram a ser elogiados por Bento XVI como exemplo de um novo vigor na Igreja, mas hoje sofrem em virtude de escândalos por parte de seu fundador, é um exemplo recente e próximo, mas houve outros. Qual a explicação para esse anticlímax?

A questão é objeto de uma verificação por parte da Igreja. Creio que se trate, mais do que qualquer outra coisa, de crises internas. De repente, certa tendência acaba assumindo maior importância, e logo parece que o grupo inteiro está aderindo a essa postura radical ou fechada, o que não é necessariamente verdade. Avaliando bem, em geral isso ocorre em grupos mais radicalizados, que depois pretendem falar em nome de todos. Enfim, cada associação enfrenta situações diversas, e nem sempre quem mais fala alto representa o grupo inteiro. De todo modo, penso que em geral os problemas vêm de situações internas, muitas vezes decorrentes de crises de autoridade e lutas pelo poder no grupo.

Nesse âmbito, lembro-me de seu amigo Dom Geraldo Majella Agnelo, que no conclave me revelou ter preocupação com a presença de "grupos" dentro da Igreja. "É preciso ter cuidado com os partidos", dizia. "Há partidos disputando a santidade com outros", com um querendo ser mais santo do que o

próximo. O papa vai na direção contrária dessa postura. Quando se declara, publicamente, pequeno e pecador, Francisco dá um recado para toda a Igreja?

O Santo Padre está sendo muito verdadeiro e chamando todos à realidade: "Somos todos pecadores, somos todos necessitados da misericórdia de Deus." Trata-se do chamado a um realismo sadio, para não ceder à tentação de certo farisaísmo. Devemos ter consciência do que somos, de que vivemos sujeitos a fragilidades... A misericórdia, muito salientada pelo Papa Francisco, faz parte de uma experiência muito pessoal dele, traduzida até mesmo na escolha de seu lema: *Miserando atque eligendo*. Explicando a expressão, ele fala que foi "misericordiado" por Deus e, portanto, sente-se continuamente dependente da misericórdia do Senhor. De fato, podemos nos reconhecer dependentes e constantemente agraciados pela misericórdia divina. Isso é muito realista e vem de um discernimento sereno e sadio sobre a nossa condição. Somos todos pecadores.

E os "partidos disputando a santidade" dentro da Igreja?

A santidade é a meta de todos nós. Está no coração da Escritura: "Sede santos, porque eu sou santo." Ela é, sim, um dever, e há muitas formas de buscá-la. São muitos os carismas na Igreja — o carisma dos franciscanos não é o mesmo dos jesuítas, que não é o mesmo dos carmelitas, que não é o mesmo dos beneditinos... Cada grupo, nesse caso, é chamado a viver a santidade naquilo que é próprio do seu chamado, do seu carisma, traduzindo em vida santa o Evangelho. Vejo, no caso que o senhor menciona, que não se trata disso. Se há grupos rivalizando na busca da santidade, deve-se ver se por trás disso não existe a afirmação de vaidades. Na Igreja, ninguém pode se proclamar dono dos modelos de santidade...

Dom Odilo, eu estava com o senhor na PUC de São Paulo quando o senhor, num gesto que me pareceu histórico, realizou um ato de reparação

junto à Cruz. Poucos dias antes, um grupo de estudantes da Pontifícia Universidade Católica, e até mesmo de docentes, realizara atos fortes contra a Igreja e seus símbolos, chegando a simular a decapitação de Bento XVI. O motivo: a escolha que o senhor fizera do nome a assumir a reitoria da universidade, nome este que não fora o preferido da lista tríplice que lhe foi apresentada. À época, cheguei a classificar aquela manifestação como um ato de coragem, de demonstração de fé. Na visão do senhor, como se chega a este ponto numa universidade católica?

Em primeiro lugar, a escolha da reitora, que foi contestada por certos grupos, mas não por todos, era plenamente legítima. Não esteve na linha do costume, mas estava na linha da norma. Há a lista tríplice, e segundo a norma o responsável pela escolha do reitor ou da reitora da PUC-SP é o chanceler, que se baseia nesses três nomes. Portanto, optei por quem, segundo minha consciência, eu achava que devia escolher. Houve então todos aqueles atos de contestação, entre eles certos atos injustificáveis de ofensa: ofensa a Deus, a sinais cristãos muito caros, como a Cruz; ofensa ao papa e à Igreja... Então, era preciso dar um claro sinal, o que foi feito mediante a celebração de uma Missa em reparação na paróquia universitária, seguida de um ato de reparação junto da Cruz no chamado Pátio da Cruz. Ela fora desrespeitada. Fizemos o que era necessário naquele momento, sinalizando também que não se justificava o que fora feito e que a Universidade Católica não podia deixar de empreender um gesto claro de afirmação do que era justo.

Como o senhor avalia o fato de, por vezes, a sociedade procurar suprimir a identidade dessas instituições de origem católica? Isso tem jeito? Os tempos vão acabar influenciando essas instituições de maneira irreversível?

Há, naturalmente, a dinâmica do tempo, do diálogo. É inevitável que, numa universidade, haja diferentes pensamentos, diferentes posições ideológicas. Por se tratar de uma universidade, é espaço de afloramento de várias tendências, de compreensões do homem, do mundo, de Deus... Isso não é o que assusta. A questão, de fato, é querer descaracterizar a instituição para que deixe de ser aquilo que ela é. Na ocasião que mencionamos acima, gritava-se: "Fora a Igreja da PUC!" Isso é estranho, pois a PUC é da Igreja! Como pretender que a Igreja esteja fora dela? Ou ainda: "A PUC é laica!" É uma coisa contraditória. Mas, é claro, isso nem sempre deve ser levado totalmente a sério. Muitas vezes, trata-se de jargões que se gritam sem reflexão, sem profundidade, não obstante também representem tendências que se querem afirmar. De todo modo, acredito que muito se resolve no diálogo, ou mesmo sem muitas palavras — com atitudes, com presenças. Creio que a Igreja Católica está fazendo esse processo de diálogo com esta cultura diversa, com estes pensamentos diversos. A Igreja vem convivendo bem com o Estado laico. Das grandes religiões, é a única que não é mais uma Igreja oficial em praticamente país nenhum. Por ser católica, ela convive bem com a sociedade moderna e a pluralidade do pensamento, mas é inevitável que continue havendo embates e momentos de tensão que precisam ser resolvidos com maturidade, diálogo e paciência. Sem renunciar, porém, à própria identidade.

Uma Igreja mais simples, uma Igreja menos luxuosa, tem sido um pedido do Papa Francisco desde o princípio de seu pontificado. Isso assume aspectos práticos: ele opta por símbolos mais singelos, usa um carro mais simples, morando num lugar mais modesto... Não há desconforto por parte de certo segmento do clero?

Acredito que o Papa Francisco está caminhando exatamente na linha daquilo que se vinha falando desde o Concílio, rumo a uma Igreja mais despojada, mais presente no meio do povo, e de maneira simples. Por outro lado, isso é também parte de um estilo que ele escolheu ao optar pelo nome de Francisco. Isso foi muito significativo: um Francisco simples, humilde e pobre, um Francisco atento, irmão dos pobres, irmão dos doentes, irmão, enfim, de toda criatura. Essa é uma escolha que revela também o interior do pontífice e está muito alinhada com o cerne do Evangelho. O Papa Francisco está passando isso para a Igreja, chamada a conformar-se mais com as bem-aventuranças e o mandamento do amor.

Logo no início do seu pontificado, num encontro com jornalistas, o Santo Padre falou que gostaria de uma Igreja pobre para os pobres. É evidente que muitas pessoas não veem as coisas assim e, portanto, sentem-se desconfortáveis. Talvez façam leituras diferentes, mas trata-se de uma das questões importantes da reforma que o papa está fazendo na Igreja.

Das reformas?

Sim. Quando Francisco foi eleito, imediatamente se falou das reformas. Parecia que, com uma canetada, o Santo Padre reformaria a Igreja. Eu logo compartilhei minha visão com outras pessoas: "Nada disso. O papa fará as reformas, mas será um processo longo." O Santo Padre está pedindo muito mais a reforma da Igreja viva do que das estruturas da Igreja. Trata-se de reformar o jeito de ser da Igreja, de mudanças de mentalidade, de conversão. Esse conceito de conversão da Igreja está presente no documento de Aparecida e é retomado por Francisco na *Evangelii gaudium*. Naturalmente, a conversão também não se faz com uma canetada.

Já que falamos de mudanças, de reformas, me vem à cabeça que o papa tem proposto certos temas para debate na Igreja. No Sínodo da Família talvez esteja o mais comentado. Refiro-me à suposta possibilidade de comunhão para os recasados. Em mais de uma ocasião, ele disse que a Eucaristia não é prêmio para quem faz tudo certo, mas remédio para os pecadores. Com relação a esse tema, ficou famosa a reação dos quatro cardeais que publicamente submeteram dúvidas ao pontífice, seguida de uma "correção filial" composta por dezenas de signatários de todo o mundo.

De alguma forma, era esperada certa resistência interna também no que diz respeito a essa nova postura. No entanto, a palavra do papa está baseada no Sínodo, que, embora não tenha sido consensual, sondou a maioria. A maioria absoluta dos participantes estava de acordo com as propostas da assembleia sinodal. De todo modo, no que diz respeito às resistências, creio que há nelas o desejo de explicação e esclarecimento, bem como o medo de que essa abertura possa, por assim dizer, "soltar as rédeas", sem que ninguém mais as consiga segurar. Não foi essa a intenção do Papa Francisco. A preocupação primeira do Santo Padre, como também se percebe na *Evangelii gaudium*, é com a situação dos casais que se encontram meio à margem da Igreja, que muitas vezes se sentem excluídos e, por isso, vivem amargurados, como se lhes tivessem sido fechadas todas as portas. O papa insiste justamente em que não se pode bater a porta na cara de ninguém, que apenas Deus tem o poder de condenar. É esta a sua preocupação: ir ao encontro de tantas famílias e casais feridos, ver o que é possível fazer para acolhê-los e inseri-los na vida da Igreja. Por isso o esforço para verificar se os casamentos foram verdadeiros ou não e se é possível realizá-los corretamente.

Houve até mesmo medidas para agilizar o reconhecimento de nulidade matrimonial.

Exatamente: o papa reformou o Direito Canônico no que diz respeito aos processos de nulidade matrimonial. Para os casais que não têm condições de normalizar a vida matrimonial, existe a possibilidade de tomar parte na vida da Igreja — mesmo não podendo comungar normalmente e não podendo se confessar. Não devem se sentir "colocados para fora" ou à margem da Igreja. Continua valendo a recomendação inicial da *Amoris laetitia*, na qual o papa pede que não leiamos tudo de uma vez, mas devagar, parte por parte, refletindo, a fim de que não se passe por cima de trechos importantes ou haja erros de interpretação. Quando se lê bem a exortação apostólica, as dúvidas levantadas acabam sendo diluídas e solucionadas. O papa toca, naturalmente, em questões complicadas, questões que muitas vezes não se sabe bem como solucionar e que envolvem enorme esforço pastoral. Quando diz, por exemplo, que está na responsabilidade do padre o aconselhamento — ouvir, acompanhar, discernir em conversa pessoal e em nível de consciência o caminho que cada pessoa deve seguir. Isso é difícil e requer muito esforço e trabalho, mas é a via indicada pelo Santo Padre. Como ele mesmo diz, não há uma solução genérica e válida para todos os casos. Há casos que devem ser vistos individualmente e acompanhados pessoalmente.

Não obstante o ritmo lento de algumas mudanças desejadas pelo Santo Padre — e já as mencionamos antes —, algumas coisas parecem ter sido resolvidas em caráter de urgência. Penso na parte penal. Intensificou-se o esforço hercúleo de Bento XVI no combate aos casos de pedofilia. Houve ainda a questão do IOR, o Banco do Vaticano, que sofreu grande intervenção... São mudanças significativas nos primeiros cinco anos de pontificado.

Bem, havia certamente situações que já estavam sendo preparadas por Bento XVI. A reforma administrativa interna estava já a caminho, por exemplo. Certamente o Papa Francisco partiu de intervenções já feitas por seu predecessor. Ao mesmo tempo, tomando consciência de outras situações que exigiam intervenção, como no caso das suspeitas de desvios no IOR, julgou oportuno intervir e o fez. E houve, naturalmente, aquelas decisões que resultaram de tudo o que foi levantado durante as congregações gerais dos cardeais, antes do conclave. Decisões importantes.

As vocações são outro tema muito premente. Com a redução dos vocacionados, em alguns lugares chega-se a discutir a possibilidade de afrouxar a disciplina do celibato para alguns sacerdotes, a fim de que atendam a regiões consideradas mais trabalhosas, como a Amazônia. O senhor acha que esse debate é necessário? Deve avançar?

A Igreja deve dar respostas às situações em que se encontra. No momento, existe uma grave crise vocacional, que pode ser sentida até mesmo aqui.

Em São Paulo?

Sem dúvida. Na Europa isso aparece de maneira muito mais generalizada, mas o problema é também nosso. Naturalmente, os fatores da crise precisam ser bem avaliados. Fazemos aquilo que a Santa Sé recomenda: muita atenção e muito discernimento na acolhida dos candidatos, olhando menos o número do que a qualidade. Temos, hoje, um número menor do que no passado; não podemos ficar desatentos à qualidade dos que são acolhidos.

De todo modo, é dever da Igreja, tanto em âmbito local quanto universal, encontrar soluções para essa situação, de modo que possamos ter ministros ordenados capazes de ajudar a levar adiante a missão da Igreja, fomentando e animando sua vida. Hoje, a questão se põe de uma forma nova. É legítimo, portanto, que se busquem soluções como a que o senhor menciona. No entanto, acho que há ainda um longo caminho a percorrer, pois também se deve almejar, tanto quanto possível, uma solução que seja de consenso, para não haver caminhos muito díspares, que criariam novas dificuldades no que diz respeito à unidade da Igreja.

Uma década atrás, o senhor atuava como secretário-geral da CNBB. Quando dos preparativos para a V Conferência de Aparecida, já se encaminhava, inclusive, para o final de sua gestão no cargo. À época, a evasão de fiéis era uma questão muito presente nos debates a respeito da situação da Igreja no Brasil. Como o senhor avalia essa situação? Ela se agravou?

Não creio que tenha se agravado. Na minha percepção, ao menos no que diz respeito a São Paulo, essa saída — ou a migração — para outras denominações se estabilizou. Não teve fim, mas se estabilizou. Quiçá tenha até diminuído...

Francisco ajudou?

Penso que sim, e a missão de Francisco inclui esse lado. Com efeito, ele suscita grande simpatia e adesão até mesmo naqueles que não possuem ligação com a Igreja... Com sua palavra e seu exemplo, este pontificado ajuda os católicos a se sentirem mais vinculados à Igreja e mais identificados com ela. Mais contentes, para resumirmos bem. O que cresce, hoje, não é bem a migração para outras denominações, mas o indiferentismo religioso e o número daqueles que se professam ateus.

E a América Latina pode ser hoje exemplo para a Europa no que se relaciona à fé, ou não mais? O secularismo era uma preocupação muito presente nas falas do Cardeal Ratzinger, tanto em sua atuação como cardeal quanto, em seguida, na posição de Romano Pontífice.

De fato. Hoje, a cultura "secularista" assume muitas expressões — o consumismo é uma delas, por exemplo, bem como a indiferença para com a prática religiosa. Parece-me que isso é bastante universal nos tempos que correm, embora com menor força na América Latina e na África. Por aqui, o povo ainda possui forte religiosidade popular e sente-se muito apegado às tradições religiosas. Essa é uma defesa contra o secularismo, mas isso não basta. Se as tradições religiosas populares não são profundas, elas não resistem ao avanço da cultura secularista. De todo modo, creio que a América Latina ainda preserva muitas coisas que a Europa já perdeu. Existe muita adesão à fé, uma fé simples, uma religiosidade bastante difusa. Temo que em breve passemos pela mesma experiência europeia, e por isso temos de aprender a superar e enfrentar novas situações de crise. Há ainda o fato de a América Latina, em seu conjunto, ser bem mais urbanizada do que a Europa: mais de 70%, o que pode nos preocupar. A Europa não atinge esses níveis de urbanização.

Por haver menos comunidades no interior?

Não por isso, mas porque a cultura urbana marca de maneira muito forte essa mudança de mentalidade. O secularismo avança muito mais no ambiente urbano.

Tenho mesmo a impressão de que a fé é mais presente no interior...

Há ali uma adesão muito maior à fé e uma agregação e referência maior à Igreja.

Quando mencionei, anteriormente, a CNBB, veio-me à mente uma declaração recente sua. O senhor afirmou que a Conferência Nacional dos Bispos do Brasil não é sindicato ou partido para se manifestar contra ou a favor do governo. O contexto, no caso, eram as reformas do presidente Michel Temer. O senhor foi secretário-geral da CNBB e pôde conhecer de perto esse tipo de atuação. Há uma espécie de grupo tentando levar as manifestações oficiais da conferência para esse lado? Como Dom Odilo se posiciona nesse âmbito? No passado, durante o período da ditadura militar, a CNBB teve atuação relevante na luta contra as violações dos direitos humanos.

Entendo que a nossa missão não é a de sermos contra ou a favor de partidos ou de governos. Somos a favor do bem comum e do bom cumprimento dos deveres e atribuições dos governantes. Vivemos um momento muito complicado no país. Há uma crise geral, com seus matizes político, econômico e social. No entanto, o que padecemos, no fundo, é de uma crise moral. É o que se encontra na base de tudo isso. Uma crise de valores, de referenciais para a vida pessoal e para a vida comum. Mas as crises também podem ser oportunidades. Leio a crise atual como uma oportunidade para o amadurecimento da sociedade, da vida política, cultural. Acho que, em outros tempos, já teríamos resvalado na violência, na imposição de algum tipo de autoritarismo, na abolição de instituições... Nada disso aconteceu, o que a meu ver é algo positivo.

E também sinal do amadurecimento que o senhor mencionou.

Do amadurecimento progressivo do país como um todo, da sociedade brasileira. Naturalmente, quando falo do conjunto, não esqueço que há situações distantes dessa dinâmica de maturidade. Espero que a crise atual seja logo superada. As crises não são abolidas por decreto, mas com o esforço de diálogo paciente e colaboração de toda a sociedade. Superado este momento, o Brasil estará melhor do ponto de vista político, econômico e social.

Reconheço, com apreensão, que há tendências radicais se manifestando. No entanto, já é positivo que não se trate de um radicalismo anárquico que parte para a violência. Parece-me que, mais do que radicalismos, o que existe é uma polarização acentuada na sociedade brasileira, que deve ser bem trabalhada e orientada pelos debates e pela reflexão nos espaços em que cabe fazê-lo, isto é, nos espaços institucionais: no Congresso Nacional, nas muitas instâncias da sociedade civil que devem participar desse processo... Nutro a esperança de que o Brasil vai superar sem demora este momento.

E o papel da CNBB nessas circunstâncias?

Em outras épocas, a Igreja esteve bem mais ativa do ponto de vista político — institucionalmente ativa. As situações, no entanto, eram diversas. Tínhamos um regime de exceção em que não existia liberdade de reunião, de manifestações políticas e outras coisas do gênero. Nesse caso, como representação do episcopado, e de alguma forma representando a voz da Igreja no Brasil, a Conferência Nacional adotou posturas que muitas vezes foram de clara discordância e crítica ao governo. Isso ocorreu também com a Ordem dos Advogados do Brasil. De alguma forma, a CNBB e a OAB serviram de guarda-chuva para o abrigo de agregações sociais que ainda não tinham liberdade de agregação e expressão. Isso foi feito por vozes corajosas, como o Cardeal Dom Paulo Evaristo Arns, Dom Ivo Lorscheiter, Dom Hélder Câmara e outros.

Hoje, a situação é diferente. A Igreja não tem de se sobrepor à sociedade e não é o seu papel. Além disso, vivemos numa democracia, na qual a sociedade possui liberdade para se organizar e se expressar. A sociedade tem condições de se assumir maduramente. O papel da CNBB é oferecer referenciais, e isso tem sido feito por meio de reflexões e diretrizes, das posições públicas que a conferência toma diante das mais variadas questões. Não é papel da Igreja, enquanto instituição, ser partido: a Igreja é povo de Deus, que está em muitos partidos. No meio do povo há tantas tendências! Os membros da Igreja, enquanto cidadãos, estão presentes nos partidos e assumem responsabilidades públicas na política. Enquanto instituição, a Igreja oferece à vida social sua colaboração e os seus princípios, que nem todos aceitam, mas que ela ainda assim oferece e deve oferecer a todos.

E, já que falamos de princípios, vem à baila o tema da corrupção. O Papa Francisco chegou a enviar uma mensagem ao Brasil por ocasião das festas pelos trezentos anos do surgimento da imagem de Nossa Senhora Aparecida. Em determinado momento, o Romano Pontífice declarou que nosso país "necessita de homens e mulheres que, cheios de esperança e firmes na fé, deem testemunho de que o amor, manifestado na solidariedade e na partilha, é mais forte e luminoso que as trevas do egoísmo e da corrupção". Como receber esse recado ao país num momento em que a corrupção se mostra suprapartidária, em que os escândalos maculam praticamente todas as grandes legendas brasileiras?

Penso que o Papa Francisco foi muito feliz ao falar isso. Ele adotou um tom muito realista. O momento difícil do Brasil é inegável e público, e naturalmente o papa nos acompanha. Não se trata somente do apreço dele pelo país: o Brasil é importante também para a Igreja, e as palavras de Francisco servem para todos, independentemente de classes ou das circunstâncias. Ele certamente reza pelo Brasil, a fim de que possamos superar da melhor maneira possível o momento que enfrentamos.

A relação do Santo Padre com o Brasil me leva a pensar na diplomacia vaticana, que sempre foi muito ativa. Com o Papa Francisco, porém, o protagonismo da figura do Sumo Pontífice parece ter aumentado ainda mais. Pôde-se sentir sua presença nas negociações entre o governo colombiano e as Farc, no diálogo entre Cuba e Estados Unidos... Poderíamos listar muitos outros casos, e certamente haverá mais.

Esta é uma das missões do Santo Padre. Ele é uma autoridade moral não só para a Igreja, mas para toda a família humana. A Igreja Católica é também isso. Dizer isso talvez possa causar algum mal-estar, mas a Igreja deve ser luz para as nações, norte para todos os povos no que diz respeito ao caminho justo. Lembro-me de quando São João Paulo II faleceu. Tinha-se a impressão de orfandade e de que havia morrido um pai de família, o pai comum da grande família humana. Houve manifestações nesse sentido de todos os povos, de todas as religiões. Até governantes de países em guerra sentaram-se lado a lado na Praça de São Pedro, durante a cerimônia do funeral do papa. Esse é um exemplo muito significativo e simbólico daquilo que é o papel do Santo Padre enquanto pastor universal da Igreja e, portanto, daquilo que é o papel da própria Igreja: agregar a família humana, com toda a sua diversidade, em torno do que é o crucial, dos valores essenciais, aqueles bens e valores que são coerentes com a mensagem do Evangelho. O Papa Francisco está fazendo isso muito bem naquelas situações em que a crise se mostra mais fortemente, como também o fizeram seus predecessores. Recordo-me sempre de João Paulo II lidando com a União Soviética, ou fazendo a mediação entre Argentina e Chile na questão do canal de Beagle: os aviões estavam prontos para levantar voo e lançar bombas, quando São João Paulo II se ofereceu para arbitrar o conflito sem necessidade de guerras. Repito: essa é uma missão da Igreja. O Papa Francisco a cumpre muito bem em situações hodiernas — tenho certeza de que está trabalhando fortemente também na Síria e no continente africano...

Uma curiosidade que aproveito para manifestar agora que chegamos já ao termo de nossa conversa. São mais de dez anos como arcebispo de São Paulo. Antes, outros cinco como bispo auxiliar. Trata-se de um tempo considerável. Posso pedir que o senhor escolha um momento de grande alegria e outro de grande tristeza ocorridos nesse período?

Mas é tão difícil escolher um momento só!

O caso da PUC, talvez, como um marco particularmente triste?

Tratou-se, de fato, de um dos momentos de apreensão e dificuldade, mas todos os dias têm seus momentos de angústia e alegria. Eu diria, no entanto, que são bem maiores as alegrias do que as angústias. De todo modo, quando nos deparamos com as situações das periferias, muitas vezes extremamente abandonadas, com situações de incrível degradação, sinto enorme dor na alma. Quando, visitando cadeias, vejo a quantidade de jovens que estão ali... Isso é enormemente doloroso!

Quando esteve na Bolívia, o Papa Francisco foi a um presídio e disse algo que me marcou enormemente: "Eu poderia ser um de vocês." Não é forte essa expressão?

Certamente! E também as situações de crianças, meninos e adolescentes que se encontram nas unidades da Fundação CASA, antiga Febem, para menores infratores. Aqueles adolescentes poderiam estar atrás dos próprios sonhos, matriculados na escola, mas estão ali, presos entre quatro paredes. É muito duro isso. Toca-me ainda a população de rua de São Paulo, cuja situação é deprimente e nos faz sentir impotentes, como se tudo o que fazemos não passasse de uma gota num oceano de dor e necessidades.

Mas, repito, as alegrias são muitas. Afinal, o povo de Deus em São Paulo luta, tem muitos méritos e é muito generoso. Se soubessem quantas pessoas levam alimentos a quem está nas ruas, ou se dedicam aos trabalhos sociais! Essa generosidade é, aliás, uma das marcas do povo de São Paulo que venho descobrindo cada dia mais. O povo migrante que formou esta cidade passou por muitas dificuldades, e por isso é aberto, criativo e generoso. Isso é muito confortante.

Dom Raymundo Damasceno

Lembro-me do Cardeal Dom Raymundo Damasceno, arcebispo emérito de Aparecida, em meados dos anos 1990, nos meus primeiros meses em Brasília, aonde cheguei vindo do Recife para trabalhar como jornalista. Ele já era bispo auxiliar de Brasília e, pouco antes, fora eleito para o estratégico cargo de secretário-geral da Conferência Nacional dos Bispos do Brasil. Na ocasião, cheguei a entrevistá-lo algumas vezes.

Desde esse período, sempre me impressionou duas características suas: a desenvoltura como comunicador e a habilidade de articulação. Mesmo àquela época, Dom Damasceno já era um personagem importante da vida brasiliense, sendo reconhecido por todos na capital federal como um homem do diálogo. De fato, o Cardeal Dom José Freire Falcão, arcebispo emérito de Brasília, me disse em tom extremamente carinhoso que Dom Damasceno era o mais mineiro dos bispos brasileiros. Achei a definição muito boa.

Damasceno foi auxiliar de Falcão, e os dois ficaram muito amigos. Quando arcebispo em Aparecida, Dom Damasceno sempre reservava tempo na sua agenda, em suas passagens pelo Distrito Federal, para visitar o amigo. E, antes de minha viagem para Roma, em 2013, a fim de cobrir o conclave, Dom Falcão me aconselhou a "colar" no cardeal de Aparecida. No Vaticano, pude constatar de perto a desenvoltura do purpurado brasileiro com os demais cardeais.

Logo depois do conclave, o recém-eleito Papa Francisco deu demonstrações explícitas de amizade ao cardeal de Aparecida. Num deslocamento da Casa de Santa Marta para a Capela Sistina, onde rezaria sua primeira Missa, Francisco surpreendeu os presentes e entrou num ônibus que levaria os cardeais para a celebração. Sentou justamente ao lado de Dom Damasceno, a quem chama, de forma afetuosa, de "Raymundo".

Os dois, é bem verdade, haviam estreitado laços já durante a Conferência de Aparecida. Dom Damasceno era o anfitrião e o então Cardeal Jorge Mario Bergoglio, arcebispo de Buenos Aires, presidente da comissão que redigiria o documento final. A cumplicidade entre os dois surgiu dali.

Além disso, muitos apontaram Dom Damasceno como um dos principais articuladores da candidatura de Bergoglio. O brasileiro tinha sido, durante quatro anos (2007-11), o presidente do Celam, cargo em que passou a ter interlocução muito próxima com todo o episcopado da América Latina. Isso, é claro, tornou-se estratégico para um conclave já muito internacionalizado: afinal, muitos cardeais não se conheciam.

Visitei algumas vezes Dom Damasceno em Aparecida. A residência episcopal fora instalada nos jardins do Seminário Bom Jesus, uma construção do final do século XIX. Quando ele foi nomeado pelo Papa Bento XVI para Aparecida, em 2004, parecia impossível a tarefa de substituir o lendário Cardeal Dom Aloísio Lorscheider. Mas, no comando do maior santuário mariano da América do Sul, Dom Raymundo conseguiu impor uma nova dinâmica à arquidiocese.

Além das melhorias físicas no santuário e de ter criado uma estrutura mais adequada para os romeiros, Dom Damasceno conseguiu realizar no local a conferência que marcaria bispos e cardeais de toda a América Latina, em 2007. O evento impressionou o Papa Bento XVI, que abriu os trabalhos do encontro. Isso daria grande visibilidade ao brasileiro dentro dos muros do Vaticano, e de tal maneira que, em 2010, viria a ser criado cardeal pelo Papa Ratzinger. A isso se seguiu, em 2011, sua eleição como presidente da CNBB.

Nos últimos anos, Dom Damasceno virou uma espécie de embaixador de Nossa Senhora Aparecida pelo mundo. Já entronizou a imagem dela em várias nações e igrejas simbólicas, como em Praga, na República Tcheca, e Fátima, Portugal, bem como em países como França, Líbano e Argentina. Até mesmo nos jardins do Vaticano ele inaugurou uma escultura da Virgem de Aparecida na presença de Francisco.

Para esta longa entrevista, Dom Damasceno me recebeu na sua atual residência, em Brasília, uma construção simples localizada nos fundos da Casa do Clero. Partícipe do conclave de 2013, o cardeal fez uma profunda análise do ambiente de mudanças que marcou a escolha do Papa Francisco. Quis saber dele se seria possível fazer todas as mudanças sugeridas pelo colégio cardinalício antes da eleição do Santo Padre. No melhor estilo mineiro, Dom Damasceno demonstrou otimismo com o pontificado do amigo: "Ele [o Papa Francisco] está fazendo mudanças paulatinamente. Não se faz, sobretudo no caso de um papa, todas as mudanças desejadas num ano ou dois. Muitas terão de ser levadas adiante por seu sucessor; outras precisarão ser adaptadas porque a Igreja é dinâmica tanto em sua estrutura quanto em sua organização, acompanhando as novas situações que não cessam de surgir. Sob esse aspecto, nunca se faz uma mudança propriamente definitiva; ela é realizada para atender a circunstâncias atuais. Muito, porém, já se avançou. Pude mencionar a unificação de alguns dicastérios, a possibilidade de melhor relação da Santa Sé com as conferências episcopais. Tudo com muita prudência. A Igreja não faz nada às pressas: sempre tem calma, sempre ouve muito, dialoga muito, sempre pensa no bem da Igreja toda, e não somente de uma congregação ou de um pontificado em particular. Afinal, esta é uma Igreja que sempre caminha, que tem dois mil anos às costas e continuará avançando até o fim da história."

A primeira pergunta não poderia deixar de ser como o senhor descobriu que era vocacionado ao sacerdócio.

Bem, eu nasci no seio de uma família católica, no interior de Minas Gerais. Nossa cidadezinha tinha cerca de cinco mil habitantes, e praticamente toda a população professava o catolicismo. Lembro-me de ter conhecido apenas um protestante ali. Ainda criança, comecei logo a atuar como coroinha, e aquilo foi despertando em mim certo gosto, certa alegria em estar na Igreja, em participar dela. Não havia água encanada nas casas, e muitas vezes eu tinha de ir buscá-la no chafariz; antes, porém, ia à Missa, o que demonstrava que a participação na vida da Igreja já tinha certa prioridade na minha vida. Nesse período, passou ali um irmão marista que fazia o papel de recrutador de vocações. Ele ia às escolas, fazia uma pequena catequese, interrogava as crianças e, por fim, geralmente fazia a pergunta: "Quem quer ir comigo?" Ele vinha de Mendes, no estado do Rio de Janeiro, onde havia o equivalente a um seminário menor dos maristas, o Juvenato São José das Paineiras. Ali se realizavam o ensino fundamental e o noviciado. Depois desse período, ia-se a Curitiba para completar o ensino médio e cursar, posteriormente, uma faculdade. Preparava-se para o magistério, uma vez que a educação é própria do carisma dos maristas. Bem, eu estive então no Juvenato, não obstante não tivesse concluído o primário. É claro que, naquela idade, eu não fazia muita distinção entre irmão e padre, pois ambos trajavam batinas. Para a criança, além do ofício que ele exercia na Igreja — celebrar a Missa, ministrar os sacramentos —, a batina era um distintivo. Eu achava, portanto, que ambos faziam, de certo modo, a mesma coisa, com uma vaga distinção a respeito da atuação dos irmãos na área do ensino. De todo modo, fiz todo o curso fundamental com os maristas e cheguei a iniciar o noviciado com eles. Nessa época, fiz então um discernimento maior da minha vocação e percebi que deveria seguir o sacerdócio ministerial. Houve certa resistência dos irmãos que dirigiam o Juvenato e do meu superior, mas insisti muito e acabei saindo.

Voltei para casa — agora em Conselheiro Lafayette, para onde meus pais haviam se mudado.

E qual era o nome da primeira cidade, aquela de seu nascimento?

Capela Nova. Pequenina, ficava distante, a cerca de 26 quilômetros da rodovia BR-040. Não havia sequer asfalto lá. A gente vivia muito isolado. Ao chegar a Conselheiro Lafayette, uma cidade maior, eu já tinha aquele propósito muito claro de ingressar no seminário. Queria ser padre! Aquilo dava sentido à minha vida. Cheguei em casa e procurei imediatamente o contato do seminário de Mariana, a cuja arquidiocese pertencia minha nova cidade. Mariana não tem a tradição de possuir bispos auxiliares, mas àquela época o bispo titular, muito idoso, pedira um: Dom Daniel Tavares Baeta Neves, que depois se tornou bispo de Araçuaí e de Sete Lagoas. Era de Conselheiro Lafayette, e a casa de sua família era relativamente perto da minha casa. Eu o procurei, então, e ele agiu como intermediário a possibilitar meu ingresso no seminário menor de Mariana. Isso foi em 1955. Tive que repetir um ano devido ao latim, que nos maristas não era um curso tão forte como em Mariana. Em 1958, passei para o seminário maior, a fim de estudar filosofia.

E quando o senhor partiu para Brasília?

Justamente nesse período, acontece um fato também inesperado na minha vida. Brasília estava sendo inaugurada, em 1960. Naquele mesmo ano, houve um Congresso Eucarístico Nacional em Curitiba, onde já havia sido realizada uma assembleia da CNBB. Dom José Newton, que era o arcebispo de Brasília, foi participar do congresso e fez um apelo a alguns bispos: estava começando a arquidiocese em Brasília, uma arquidiocese importante e promissora, mas que também lhe trazia grandes responsabilidades, uma vez que se tratava da capital do país. Ele não tinha seminários, mas apenas alguns religiosos que lá estavam desde 1957, quando do início da construção da cidade. Desse modo, Dom José Newton pediu ajuda a alguns bispos, para que lhe enviassem seminaristas, se possível às vésperas de concluir o curso de filosofia, dado que ele preferiria acompanhar os alunos ao longo do curso de teologia. Desse modo, meu bispo, Dom Oscar de Oliveira, prometeu-lhe enviar um seminarista com aquelas características. Ele não pensou no meu nome em especial, evidentemente. Quando regressou a Mariana, procurou o reitor do seminário maior e contou-lhe a promessa que tinha feito ao arcebispo de Brasília. Os formadores se reuniram para decidir quem iria, ao que logo o reitor me chamou. Comunicou-me que eu era o indicado, por unanimidade. Aceitei, naturalmente, o apelo do reitor e me coloquei à disposição. Em junho de 1960, mais ou menos, comecei a pertencer oficialmente à Arquidiocese de Brasília.

O senhor acaba sendo o primeiro padre ordenado...

Eu fui o primeiro seminarista da arquidiocese! Não veio ninguém das outras dioceses para Brasília. O único que chegou como fruto da colaboração dos demais bispos fui eu. Naturalmente, quando cheguei a Brasília não havia seminários. As paróquias eram instalações ainda muito precárias. Pode-se imaginar como era Brasília em 1960: parecia uma praça de guerra. Resumia-se a obras, tratores... Após a inauguração, que se deu antes de completadas todas as construções, havia em Brasília só o básico, o mínimo de que precisava para funcionar como capital: o Palácio do Planalto, o Palácio da Alvorada, a rodoviária, a BR-040, um aeroporto precário, o Congresso Nacional, os ministérios. Quando cheguei à capital, havia mais ou menos cem mil habitantes ali. Quantos teriam residência fixa na capital? Desse modo, tão logo botei o pé lá, Dom José Newton me disse: "Meu desejo é que você não volte mais para Mariana. No entanto, não temos ainda seminário aqui, e portanto faço-lhe uma proposta: por que não conclui o curso de teologia em Roma?" Consultei meus pais e as pessoas mais próximas, que acharam que eu deveria aceitar aquele apelo. Acabei indo a Roma, portanto, no ano de 1961. Foi um período agraciado. Cursei teologia na Pontifícia Universidade Gregoriana, e aquele era um período especial da vida da Igreja. O Concílio Vaticano II coincidiu com meu período de estudos, o que me proporcionou uma experiência única. Sabemos que um Concílio Ecumênico não acontece com frequência. Concluído o curso de teologia, pensei em voltar a Brasília para fazer uma experiência pastoral ali, mas o bispo me aconselhou outro caminho. Julgava melhor que eu fizesse outro curso para complementar minha formação, um curso que eu poderia escolher como bem me aprouvesse. Optei, então, por fazer um curso de catequese em nível superior na Alemanha, em Munique. Durou de 1965 a 1967 e transcorreu no instituto catequético da Conferência Episcopal alemã.

O senhor chegou a ser aluno do Cardeal Ratzinger?

Não fui aluno dele, mas o vi várias vezes como professor na Alemanha. Às vezes, ministrava seminários em Munique, dos quais eu participava. Havia a participação, também, de outros teólogos importantes.

De todo modo, regressei ao Brasil no final de 1967. Em 1968, eu me ordenei, mais precisamente no dia 19 de março, e comecei meu trabalho em Brasília. Fui chanceler da Cúria, vigário paroquial da Catedral e da Vila Planalto, pároco da igreja do Santíssimo Sacramento; depois, Dom José Newton pediu-me que dirigisse o Seminário Menor e fundasse o Seminário Maior com mais dois sacerdotes sulpicianos: Padre Rodrigo Arango Velásquez e Padre Telesforo Gagnon. Em 1986, fui sagrado bispo auxiliar de Brasília. Também lecionei no Departamento de Filosofia da Universidade de Brasília. Em 1991, fui eleito secretário-geral do Conselho Episcopal Latino-Americano, o famoso Celam. Durante os quatro anos do mandato, residi em Bogotá, quando então retornei. Acho que essa é uma história um pouco grande!

Uma história rica, na verdade. Gostaria de aproveitar a menção ao período do Concílio, o qual o senhor viveu de modo tão próximo. Parece-me uma experiência importantíssima. Como aquele ambiente de transformação da Igreja acabou influenciando sua formação? Creio que tenha deixado marcas que perduram até hoje e que devem ser particularmente tocadas num mundo em que ganham força alguns movimentos tradicionalistas que negam o Concílio Vaticano II.

Quem inicia hoje seu caminho de formação para o sacerdócio, ou mesmo os leigos que nasceram após o Concílio, não tem noção das mudanças que de fato ocorreram na Igreja. Eu vivi, naturalmente, ambas as fases, a anterior e a posterior ao Vaticano II, não obstante seja um padre pós-conciliar, dado que minha ordenação se deu em 1968. Obviamente, as mudanças mais visíveis são aquelas que todos perceberam de imediato: a substituição do latim, na liturgia, pela língua vernácula, bem como a orientação do sacerdote, que passou a celebrar a Santa Missa de frente para a assembleia. Se antes uma das características do padre era a vestimenta, a batina ou o hábito, isso foi mais flexibilizado, permitindo-se o uso do chamado *clergyman*. Além disso, meus estudos universitários se davam todos em latim, tanto no que dizia respeito às aulas quanto às provas. Não me vem à mente nenhuma universidade religiosa que tenha o latim como língua oficial hoje. Mesmo a Gregoriana admite várias línguas modernas.

Observando, nos dias de hoje, como o mundo ficou secularizado, ao mesmo tempo que há aquele movimento rumo ao resgate de uma tradição pré-conciliar, é possível fazer uma avaliação mais precisa da trajetória recente da Igreja, bem como dos impactos das mudanças ocorridas nas décadas de 1960 e 1970?

Durante aquele meu primeiro período em Roma, eu era um jovem esperançoso de mudanças — em relação, é claro, àquilo que não era essencial à Igreja enquanto depositária da Revelação e da Tradição, o que não muda e não mudará jamais. Essas esperanças se voltavam à relação da Igreja com o mundo. Afinal, a Igreja é uma realidade divina por ser obra de Deus, mas é também humana na medida em que se insere numa realidade histórica. Nesse aspecto, pode evoluir, atualizar-se dentro da missão que lhe cabe, que é precisamente a de levar o Evangelho a todas as pessoas. A Igreja deve, portanto, rever a maneira de relacionar-se com as realidades temporais. Basta tomarmos, por exemplo, o mundo mesmo da comunicação: não havia rádio, televisão e internet algumas décadas atrás. É preciso refletir, então, sobre como se valer desses recursos para o cumprimento de nossa missão. E quanto ao ecumenismo e o diálogo inter-religioso? A busca da unidade entre todas as denominações cristãs é fruto do Vaticano II. A meu ver, o grande tema do Concílio é a Igreja e a sua relação com o mundo nas suas mais variadas dimensões — com as igrejas cristãs, com as outras grandes religiões, com a cultura, com o mundo da educação, com a comunicação.

Encabeçando essas mudanças, há sempre um pontífice. Quando de seu período de seminário, tratava-se de João XXIII; quando de sua ordenação, Paulo VI. O episcopado chegou durante o pontificado de São João Paulo II e o cardinalato, sob Bento XVI. Do conclave que elegeu Francisco o senhor participou. Dom Damasceno conseguiria falar sobre as principais características e diferenças entre essas figuras de peso?

Fui ordenado no período do Papa Paulo VI e, naturalmente, não tive contato próximo com ele: conheci-o pessoalmente em Roma quando eu era estudante e ele, ainda cardeal. Todos já ouviram falar da cultura e do preparo de Paulo VI, e creio que foi o homem adequado para a época, para dar continuidade ao Concílio convocado por João XXIII e implementá-lo. Sem dúvida a Providência quis sua eleição em virtude de sua experiência na Cúria Romana, bem como de sua experiência como pastor numa grande arquidiocese, como era a de Milão. Foi, em suma, um homem de excelente formação, de grande cultura. A título de exemplo, podemos ver a exortação apostólica *Evangelii nuntiandi*, documento atualíssimo mesmo depois de quarenta anos. Ao tratar da evangelização no mundo contemporâneo, abordou todas essas questões que ainda hoje discutimos.

Se o tema do Concílio foi a Igreja em seu relacionamento com o mundo, o Papa João Paulo II foi, de certo modo, aquele que a abriu para ele. Nenhum pontífice até hoje visitou tantas arquidioceses, tantos países, quanto São João Paulo II. Podemos dizer que ele foi uma espécie de Paulo, um apóstolo atual, que sabia tratar dos assuntos adequados a cada lugar em que se encontrava. Teve dotes muito especiais de comunicador; impressionava a maneira como conseguia se dirigir a uma massa imensa e prender sua atenção. Lembro-me de quando fui acompanhar sua visita a Cuba. A Missa final, na Praça da Revolução, estava lotada. Os líderes cubanos estavam à frente, sentados. E era possível ouvir o silêncio da praça inteira. Todos o escutavam. João Paulo II sabia improvisar e tinha uma personalidade e um olhar que se impunham, que suscitavam reverência. As pessoas passaram a visitar Roma para vê-lo, para chegar perto dele. Temos de lembrar que também foi professor universitário, poeta, ator, filósofo... Tudo isso era importante para a implementação do Concílio Vaticano II. Por fim, aquele homem conciliava o diálogo aberto com a missão de guardar o depósito da fé, que deve ser preservada e mantida em seu conteúdo fundamental. Aquele foi um papa realmente extraordinário, que marcou época e teve grande influência na história mundial. Todos os grandes historiadores reconhecem nele um papel determinante para a queda do socialismo real. O próprio Gorbachev disse ler as encíclicas de João Paulo II.

Ele foi um papa muito... contemporâneo.

Sem dúvida nenhuma. Sua relação com os bispos era muito marcante: recebia sempre na visita *ad limina*, celebrava a Santa Missa com eles, almoçava em sua companhia. Seu contato com o episcopado do mundo inteiro foi muito pessoal. Ele queria ouvir a opinião de todos sobre seus respectivos países, sobre sua realidade eclesial. Creio que, depois de cada visita nossa ali, João Paulo II conseguia obter um quadro muito claro da situação social, política e religiosa do Brasil. Ele realmente ouvia e questionava os bispos.

Em seguida, Bento XVI.

Bento XVI já nos apresenta outra personalidade, outro estilo, outro temperamento. Alemão, dedicou praticamente toda a vida à parte acadêmica. Foi professor durante a vida inteira — teve apenas um breve período como arcebispo de Munique, quando foi chamado ao Vaticano por São João Paulo II a fim de assumir uma congregação importante. Esteve à frente da Congregação para a Doutrina da Fé por mais de vinte anos. Por diversas vezes apresentou sua renúncia a João Paulo II, pois desejava retornar à sua atuação como teólogo, mas o Santo Padre nunca quis aceitar sua renúncia, nunca quis prescindir dos seus serviços e de sua colaboração. Até certo ponto, portanto, Bento XVI foi um sucessor quase que natural do Papa João Paulo II.

Sua eleição, a seu ver, seria então uma opção de continuidade?

Essa também foi uma decisão muito importante naquela fase da Igreja. Mudava muito a situação do mundo, e a Igreja, dentro desse contexto, precisava continuar o aprofundamento de toda a temática do Vaticano II. Como o próprio Bento repetiu em mais de uma ocasião, o Concílio era a bússola que guiava a Igreja naquele novo milênio que se iniciava.

A quem estava de fora, causava certo estranhamento comparar o carisma de São João Paulo II com aquele pontífice de temperamento mais recolhido. De todo modo, Bento XVI acabou por ser um porto seguro.

Quanto à maneira de ser, Bento XVI parece estar noutra extremidade se comparado a João Paulo II. O Papa Bento XVI era um grande pensador, mas igualmente introspectivo, reflexivo; guardava certa intimidade em seu relacionamento com a sociedade. João Paulo II dava a impressão de se sentir mais seguro quanto maior fosse a multidão à sua frente. Talvez se sentisse até um pouco desconfortável dentro da Cúria. Alguns chegavam a dizer, em tom de brincadeira, que João Paulo II se sentia bem ao sair da Cúria Romana e respirar novos ares.

No entanto, deve-se ter em mente que Bento XVI assume a Sé de Pedro numa idade avançada. Quando o fizera, João Paulo II tinha 58 anos e era um atleta — quando o criticaram por ter feito uma piscina em Castel Gandolfo, onde passava o verão, ele respondeu: "Fica mais barato fazer uma piscina do que realizar um conclave." O Cardeal Ratzinger é eleito com 78 anos, com uma fragilidade física que se contrapunha à sua vitalidade mental. À medida que os anos foram se passando, se sentiu cada vez mais frágil, como é natural. Foi esse, como ele próprio declarou, o motivo de sua renúncia. Já não tinha forças suficientes para conduzir a Igreja com todas as exigências que um cargo desse comporta. Julgou preferível passar essa responsabilidade a um sucessor mais disposto do ponto de vista físico. Esse foi um gesto de muita humildade, de muita grandeza, de muito amor ao Corpo de Cristo. Como ele próprio disse, "amar a Igreja significa também ter a coragem de tomar decisões difíceis, tendo sempre em vista o bem da Igreja e não de si próprio".

O senhor ficou surpreso?

Foi uma surpresa porque não se trata de um fato que acontece sempre. Houve Celestino V, há seis séculos... Além disso, Bento XVI guardou esse segredo a sete chaves: ele mesmo escreveu a renúncia em latim, esperando um consistório, em 11 de fevereiro, dia de Nossa Senhora de Lourdes, para anunciar a renúncia.

Era uma segunda-feira de carnaval aqui no Brasil.

Um período que antecede a Quaresma, o que é significativo. Também significativo é a data mariana. Alguns que não conheciam bem o latim e estavam presentes questionavam o vizinho: "Está acontecendo isso mesmo? O papa está renunciando?" Foi uma surpresa, realmente, mas trata-se de um assunto de exclusiva decisão pessoal de responsabilidade pessoal diante de Deus, diante da Igreja, diante da própria consciência. Por isso mesmo, creio que aquilo deve ter sido sofrido para ele. Talvez tenha conversado com seu irmão, quem sabe com alguém muito próximo e de estrita confiança, mas de todo modo foi uma atitude muito reservada, algo extremamente pessoal e ciente das consequências.

O senhor foi anfitrião dele em Aparecida, quando do famoso encontro do episcopado, em 2007. Como o senhor o percebia? Era possível notar as limitações físicas? Bento XVI já tinha idade avançada, mas sua mensagem, na ocasião, foi muito forte. Parecia o reconhecimento de um valor próprio da Igreja na América Latina.

Bento XVI foi o papa que mais tempo ficou em Aparecida. Esteve conosco durante três dias. No dia 12 de maio, rezou o Terço na Basílica, à noite; no dia 13, celebrou a Missa e abriu a V Conferência Geral do Episcopado Latino-Americano e do Caribe, já com os delegados. Proferiu ali um discurso magnífico, muito bem preparado. Estava com quase oitenta anos, e a gente sentia que se tratava de uma pessoa idosa, capaz de cumprir uma agenda relativamente limitada: além do Terço, da Missa de abertura e do discurso inaugural, fez apenas uma visita à Fazenda Esperança. O contato com o episcopado ocorrera em São Paulo, na Catedral da Sé. Não houve encontro com políticos ou outros segmentos da sociedade. Recordo-me de que, depois das refeições, gostava sempre de caminhar pelos corredores do Seminário Maior Bom Jesus. Caminhei com ele quase todas as vezes depois do almoço e do jantar, e ele me dizia: "Gosto de caminhar. Trata-se, inclusive, de uma exigência médica: o médico me pede que caminhe sempre, um pouco por dia, depois das refeições." Certa noite, tomei a liberdade de dizer-lhe: "Santo Padre, se o senhor tiver de fazer uma caminhadinha um pouco mais longa, eu o convido a ir até minha casa." E ele aceitou com muito prazer. Então ele foi e voltou de minha residência, o que, no total, devia somar uns seiscentos metros. Não obstante as limitações físicas, não se sentia nada de grave nele; na alimentação, inclusive, havia apenas duas restrições: frutos do mar e *champignon*. Quando perguntei do cardápio, ele disse que fizéssemos como estávamos acostumados: "A comida brasileira como os senhores preparam. O papa se alimentará exatamente como vocês."

Voltando a seu discurso, que foi de fato muito bonito e muito profundo, ficou marcada sua frase referente à Teologia da Libertação: "A opção preferencial pelos pobres está implícita na fé cristológica naquele Deus que se fez pobre por nós, para enriquecer-nos com a sua pobreza." Ou seja, a opção pelos pobres é uma opção evangélica, e não uma questão político-ideológica. Bento XVI também insistiu muito na formação religiosa do laicato, que é uma das deficiências na América Latina. Depois, enfatizou o compromisso do leigo com as transformações sociais de que a Igreja é advogada: ela não assume o papel dos políticos, mas é defensora da justiça, dos pobres, dos direitos humanos, da dignidade da pessoa humana.

Antes de passar para o Papa Francisco, podemos aproveitar a menção à Teologia da Libertação. O senhor teve atuação importante na Conferência Nacional dos Bispos do Brasil, do qual foi secretário-geral e presidente. Foi também secretário-geral do Celam. Viveu, portanto, muito de perto a realidade da Igreja na América Latina. Como o senhor interpreta a presença e a atuação da Teologia da Libertação no continente? Ela foi muito forte entre nós, também entre os bispos. Ao mesmo tempo, São João Paulo II e Bento XVI, mesmo quando ainda Cardeal Ratzinger, foram vozes de clara contraposição.

Creio que tanto João Paulo II quanto o Cardeal Ratzinger/Bento XVI contribuíram para esclarecer muitas ambiguidades em relação à Teologia da Libertação. Deixaram claro que a opção da Igreja pelos pobres e pelos excluídos, a busca da Igreja de inserir todos na sociedade, é uma questão evangélica, de seguimento do próprio Cristo, que na sua vida terrena sempre esteve ao lado dos mais marginalizados, dos mais sofridos, dos doentes, da criança, da mulher, da viúva. A Igreja, por conseguinte, não pode fugir a essa opção, o que explica sua defesa constante do direito de todos a uma vida digna, a habitação, saúde, educação... Não se pode viver indiferente num mundo em que poucos têm tudo, e até em abundância, e outros não possuem sequer o mínimo necessário para viver dignamente.

Ao mesmo tempo, a Igreja não pode, de modo algum, ser inimiga de certo segmento da sociedade, quanto mais ideologizar-se. Nesse sentido, João Paulo II e Bento XVI deram o rumo certo às reflexões. São João Paulo II chegou a dizer que a Teologia da Libertação era útil e necessária quando provocava reflexão a partir da realidade vivida pelo povo latino-americano, de modo que não se tratasse de uma teologia desencarnada, mas fundamentada em situações reais.

Relacionado a isso há também o papel fundamental da atuação do leigo, que precisa ser levado em consideração. A Igreja quer dialogar com o mundo, mas deve abrir esse espaço para que o leigo realmente seja presença da Igreja no mundo. O documento de Puebla diz, de maneira muito bonita, que o leigo é a Igreja no coração do mundo e o mundo no coração da Igreja. Ou seja, nas realidades temporais, entre elas a política, a presença é do leigo, e não da hierarquia; ao mesmo tempo, a hierarquia tem de formar esses leigos para que atuem em todas as realidades nobres — na educação, na economia, na política, no sindicato, no mundo do trabalho... É justamente como disse o Papa Bento XVI em Aparecida. Sempre digo que, se há alguém que deve exercer a sua profissão com mais competência, com mais responsabilidade, como forma de serviço, esse alguém deve ser o cristão. Nessa atuação é que o cristão torna-se um agente de transformação da sociedade e leva pelo seu testemunho às pessoas a fé em Deus, a vida segundo o Evangelho e os ensinamentos da Igreja. Quanta situação difícil os leigos devem enfrentar hoje — e não só na América Latina, mas também na África, no Oriente Médio, na Ásia!

Em virtude da Teologia da Libertação — e o senhor acompanhou esse período —, houve momentos em que a relação do Vaticano com a hierarquia da Igreja no Brasil, alguns integrantes da CNBB incluídos, pareceu estremecer. Pode-se recordar como parte da Arquidiocese de São Paulo saiu da influência de Dom Paulo Evaristo Arns quando de sua subdivisão em outras dioceses. Na Arquidiocese de Olinda e Recife, Dom Hélder teve como sucessor uma figura de perfil praticamente oposto: Dom José Cardoso Sobrinho. O que o senhor diz sobre esse "trauma", esse afastamento?

Foram tensões que existiram de fato, mas que estão superadas. As relações de nossa conferência com a Santa Sé são muito fraternas — não há qualquer dúvida quanto a isso. É possível que tenha faltado maior diálogo entre as duas partes à época, mas essa é uma análise um tanto complicada de se fazer. Se, de um lado, havia a legítima preocupação da Santa Sé, talvez se pudessem ter considerado melhor as realidades locais de São Paulo, de Recife... Naquele período, não sei como se deu o diálogo, de que maneira ocorreu, quais foram os interlocutores.

Nossa conferência episcopal teve papel bastante ativo durante a ditadura militar. Como compará-lo ao papel que desempenha hoje? É possível traçar um paralelo?

Tenho para mim que são situações completamente diferentes. Vivíamos um período em que as liberdades eram restringidas, em que se violavam os direitos humanos, se cometiam inúmeras injustiças... Ali, a Igreja era uma das poucas vozes que conseguiam se expressar, e por isso tinha de ser firme, corajosa e decidida ao se pronunciar a favor do bem do povo brasileiro, denunciando como eram infringidas certas liberdades fundamentais do cidadão, entre elas a da expressão das próprias ideias. Sem falar, é claro, nas prisões injustas e nas torturas que se perpetravam. Seria uma omissão grave se a Igreja nada dissesse, e creio que hoje grande parte da sociedade reconhece o papel que desempenhamos naquele período, dentro de nossa missão evangélica. Eu era padre à época, e experimentávamos o grau de controle que havia com relação às homilias, nas universidades. Percebia-se — e eu era professor — que havia gente infiltrada em sala de aula, nos encontros eclesiásticos...

Dentro da Igreja?

Precisamente. Para saber o que se pregava, o que se dizia. De todo modo, a Igreja tinha de se pronunciar, sobretudo em virtude de sua simpatia pelo regime democrático. Como se diz normalmente, a pior das democracias é melhor do que a melhor das ditaduras. Hoje, estamos diante de outro contexto. Podemos criticar o funcionamento de nossa democracia, que muitas vezes é mais formal do que de fato. Podemos nos perguntar abertamente se o Congresso representa o eleitorado, os anseios do povo brasileiro. Ou mesmo se o brasileiro de fato está pronto para tomar parte numa democracia participativa. Temos redes sociais livres, até mesmo para noticiar o tanto de notícias falsas que circulam por aí; a imprensa é livre, a televisão é livre. A Igreja, assim, é hoje mais uma voz num coro de vozes.

Não perdeu, assim, seu protagonismo?

É certo que antes a Igreja gozava de protagonismo por ser ela a voz dos que não tinham voz. Hoje há mais formas de expressar as inquietações e os anseios do povo, ou mesmo para denunciar atitudes questionáveis por parte do governo. É natural, portanto, que, embora continue, como lhe cabe, a se voltar para as questões éticas e morais, para aquilo que interessa ao povo, seu pronunciamento não tenha tanta repercussão como no período da ditadura. Obviamente, trata-se de uma voz autorizada, respeitada, mas concorre com outras vozes e não tem, nos meios de comunicação social, a repercussão que esperamos.

Quem acompanhou de perto o conclave de 2013 podia perceber certa sensação de surpresa com a renúncia de Bento XVI, é claro, mas também algum desconforto com a presença negativa da Igreja nos meios de comunicação: havia as questões do Banco do Vaticano, o vazamento de documentos sigilosos do Sumo Pontífice, a exploração dos escândalos sexuais. Tudo isso teve impacto nas congregações anteriores ao conclave, que discutiam o que se deveria levar em consideração durante a escolha do novo papa? Sairia daí a opção por uma mudança que, à primeira vista, nos parecia radical, traduzida na figura do Papa Francisco?

De fato, deve-se sempre ter em conta as congregações gerais dos cardeais, nas quais todos os membros do colégio cardinalício participam, inclusive aqueles que têm mais de oitenta anos. Há ali um diálogo muito aberto e franco sobre a Igreja, sobre o mundo e sobre a missão da Igreja no mundo. Toca-se, é claro, nos problemas e desafios que a Igreja está enfrentando. Todavia, não se trata de traçar de maneira muito organizada o perfil do futuro papa — fala-se nisso de maneira um pouco genérica. Tampouco se citam nomes, é claro: ninguém toma partido, não há candidatos. A propósito, na Igreja não há candidato a missão nenhuma; antes, assumimos uma missão que nos é confiada e para a qual somos chamados. Muito se fala em candidatos para o papado, para a presidência da CNBB, para o cardinalato, mas essa é uma linguagem empregada no mundo civil, no mundo político; se há analogia, ela não é muito apropriada. De todo modo, posso dizer que, naquelas congregações, insistiu-se muito no papel da Cúria Romana, que deve estar a serviço do papa, a quem todos servimos por ser o pastor supremo da Santa Igreja.

E não o contrário.

E não o contrário. Ele é quem comanda a Cúria Romana. Está acima dela, e é dele a autoridade. É o Santo Padre quem atribui nomes aos cargos importantes, e portanto é crucial que seus colaboradores estejam a serviço dele, de modo a que o pontífice possa exercer de maneira mais eficaz e ágil o ministério petrino a serviço da Igreja Universal. Nesse contexto, corre-se o risco de haver certa desarticulação, gerando uma espécie de poder paralelo. Isso foi muito enfatizado.

A propósito dos problemas financeiros, isto é, do Banco do Vaticano — chamado Instituto para Obras de Religião (IOR) —, cabe dizer que ele está hoje submetido às leis do Banco Central da Comunidade Europeia, com toda a transparência possível. O movimento nessa direção já começara com o Papa Bento XVI e prosseguiu, naturalmente, com o Papa Francisco. Em virtude de decisões desse gênero, as congregações tocaram no fato de que é muito importante que o Santo Padre, na condução da Igreja, esteja bem assessorado. Nasceu desse tipo de reflexão a sugestão de que fosse criado um conselho capaz de auxiliar o Santo Padre, sem porém diminuir, é claro, sua autoridade máxima, suprema.

O que culminou no chamado G8, isto é, num grupo de oito cardeais.

É claro que o papa não é um mero gestor. Deve-se, em primeiro lugar, ver seu outro lado, o lado principal: seu ministério petrino, sua função como sucessor de Pedro, guardião da unidade da Igreja e do depósito da fé. De todo modo, ele não pode se furtar de importar-se com a parte administrativa do Vaticano, cuja responsabilidade última, no final das contas, é mesmo dele. É necessário se valer de bons assessores. Nessas reformas que vem fazendo, o Papa Francisco vem cumprindo o que se decidiu nessas congregações gerais, inclusive o pedido de que houvesse esse grupo de cardeais a seu lado e que representasse os mais diversos continentes. No final das contas, esse conselho torna a Cúria Romana mais internacional, mais eficiente e, após algumas decisões suas, também mais enxuta. Ali se estudou a tonificação de vários dicastérios; também toda a parte de comunicação — jornal, rádio, televisão — se uniu numa só secretaria; os órgãos que tratam da família, dos leigos... São decisões paulatinas e, como têm de ser, tomadas sem nenhuma pressa, após muita ponderação.

Também são frutos dessas discussões os estudos correntes sobre a relação da Santa Sé com as conferências episcopais, cujo objetivo é determinar formas de melhorar o modo como as congregações romanas, os dicastérios e os outros órgãos servem à Igreja Universal. Afinal, o papa é a cabeça do colégio episcopal, e seu serviço é um serviço prestado à Igreja toda. A Cúria Romana não pode ser uma grandeza à parte, autônoma. É preciso que a Secretaria de Estado se empenhe na coordenação dos diversos dicastérios romanos para torná-los eficientes, para que interajam uns com os outros e partilhem o serviço e as responsabilidades.

O Papa Francisco atuou como presidente da comissão que redigiu o documento final da Conferência de Aparecida. Ali o senhor, como responsável pela Arquidiocese de Aparecida, serviu como anfitrião do futuro papa, e por isso pode-se dizer que já o conhecia bem quando o mundo se voltou para ele, em 2013, ali na sacada da Basílica de São Pedro. Foi uma surpresa para o senhor essa eleição?

Bem, creio que para todos foi uma espécie de surpresa. Quando os cardeais se reúnem no período anterior ao conclave, não há nenhum nome muito claro para a sucessão. Só se ouviam as notícias que corriam por fora, as previsões da imprensa...

E ele não se encontrava em nenhuma delas.

Sim, ninguém pensava no nome dele. No entanto, à medida que os cardeais vão se reunindo, ouvindo uns aos outros, alguns nomes vão se afigurando. Creio que não se possa dizer que antes do conclave, antes de começar a votação de fato, era possível dizer quem seria o Sumo Pontífice.

Conta-se que, no conclave de 2005, ele foi o grande "concorrente" do Cardeal Ratzinger. Se isso é verdade, ao menos entre os cardeais mais antigos não deveria haver tanta surpresa.

Circula, de fato, essa história; no entanto, como não participei do conclave de 2005, não posso opinar. O que se nota é que apenas depois de dois ou três escrutínios é possível perceber para onde a votação dos cardeais está caminhando; somente aí se manifestam as tendências.

O curioso é que todas as previsões pareciam muito bem fundamentadas. Lembro que se falava muito no Cardeal Scola, de Milão. Este, por exemplo, é um nome que representaria continuidade.

Tenho a impressão, porém, de que havia desejo de mudança, de algo diferente. A Europa vem passando, há muito tempo, por um forte processo de secularização. Ao mesmo tempo, a Igreja na América Latina é sempre vista como uma realidade dinâmica e ativa, além de possuir uma enorme porcentagem dos batizados no mundo. A Igreja latino-americana também sempre esteve em busca de respostas para desafios que estão cada vez mais presentes em todos os continentes. Acredito, portanto, que já houvesse desejo de renovar uma Igreja missionária, apostólica. Naturalmente, repercutiu de maneira muito positiva, nas congregações gerais anteriores ao conclave, as intervenções do próprio Cardeal Bergoglio em favor de uma Igreja que, em decorrência de seu amor por Cristo, saia de si e parta ao encontro do mundo e das periferias existenciais e geográficas.

A fala do Cardeal Bergoglio teria sido fundamental, então, para sua eleição à Sé de Pedro?

Não digo que foi fundamental, mas que teve impacto muito positivo. Então, quando você começa a buscar alguém num determinado continente, certos nomes começam a se destacar. De algum modo, os cardeais foram vendo que o caminho não passava pela África, nem pela Ásia, nem pela Europa.

Teria sido em Aparecida que ele consolidou essa posição de liderança continental?

Sua influência ali foi muito grande porque ele presidiu a comissão responsável pela redação do documento final. Aparecida marcou tanto a vida dele que a primeira encíclica saída toda de sua mão — a primeira encíclica de fato havia sido praticamente elaborada por Bento XVI — está fundamentada sobre seus documentos. Naturalmente, a *Evangelii gaudium* traz a visão de um papa, uma perspectiva mais universal, mas a influência é notável. Diria até mesmo que Aparecida serve, de algum modo, como uma espécie de programa, de projeto para seu pontificado.

Imagino que, na Capela Sistina, se respire um ambiente muito especial de oração ao longo do conclave. Como o senhor percebia a crescente aceitação do nome do Cardeal Bergoglio?

É difícil responder a isso porque, ali, ninguém se manifesta nesse sentido: não há nada como uma salva de palmas, por exemplo, exceto quando o Santo Padre é eleito. Os cardeais se mantêm muito discretos. Não se fala em nomes, não há discussões... Temos os momentos das refeições, do repouso e das votações. O momento mesmo do diálogo se dá nas congregações gerais. Ali se vão olhando os cardeais e fazendo os discernimentos necessários. No conclave propriamente dito, não há uma espécie de *lobby*: "O melhor é este caminho, o melhor é apoiar este ou aquele." Respira-se um clima de muita humildade e responsabilidade. E, para quem vai percebendo que pode ser eleito, imagino que também de temor diante de Deus. É uma responsabilidade tremenda. Ninguém fica se regozijando com o número de votos. O que se nota, ao contrário, é que os rostos vão ficando mais circunspectos, sérios, preocupados. Ser o Vigário de Cristo é um peso imenso, a posição maior da Igreja. Fazer as vezes de Jesus na terra, segundo um poder que o próprio Cristo concedeu! Por isso mesmo, fazemos o juramento de votar com muita responsabilidade, segundo o que julgamos ser melhor para a Igreja diante de Deus. É compreensível, então, que quem receba votos não fique tão eufórico. Não há campanha alguma — muito pelo contrário. Trata-se de um espírito muito diferente daquele que rege as eleições para cargos públicos e partidários, nas quais há grande euforia, conchavos, a busca do poder a qualquer preço. O conclave vive um clima de oração, reflexão e austeridade.

O senhor acredita que a internacionalização crescente do Colégio de Cardeais levará o próximo conclave a se conservar neste caminho de mudanças?

Sem dúvida. Creio que o Papa Francisco está dando voz também às Igrejas mais "modestas", por assim dizer. Estas Igrejas ditas "periféricas" possuem uma experiência eclesial própria, com desafios e riquezas muito particulares. Elas têm muito o que compartilhar conosco e muito o que manifestar — aspirações, desejos. Isso é muito relevante. Com efeito, não há Igreja mais ou menos importante no cenário da Igreja Universal. Em cada diocese se encontra a Igreja de Jesus Cristo.

Num contexto assim, não poderíamos afastar a hipótese de um novo papa da América Latina, ou ainda de outro continente além da Europa.

É muito difícil prever. Uma senhora que está escrevendo minha biografia destacou, em determinado momento, uma frase que proferi e foi publicada por um órgão de imprensa antes do conclave. Eu teria dito — e nem me lembro mais — que seria uma grande bênção ter um papa latino-americano. Eu mal sabia o que viria pela frente! De todo modo, temos de estar sempre abertos e ver, em quem foi eleito, os desígnios de Deus para sua Igreja. De fato, nossos últimos papas têm sido grandes bênçãos para nós — todos eles, cada qual em seu momento e com sua característica própria. João Paulo II passa para a história como esse grande papa dos Sínodos: presidiu muitos, tanto ordinários quanto extraordinários. Foi grande missionário, viajou o mundo inteiro, como um Paulo dos tempos modernos. Homem que deu continuidade ao Vaticano II e que, de certo modo, contribuiu para a queda do comunismo. Bento XVI, por sua vez, será relembrado como uma espécie de Padre da Igreja, como aqueles grandes nomes do início do cristianismo que marcaram a história da fé com seus escritos, suas orientações e suas reflexões. Seu legado teológico é imenso. Que obra imensa! Será objeto de muitas reflexões, muitas teses, e já são inúmeros os discípulos seus a estudar seu pensamento. Também imprimiu rumos importantes à Igreja, é claro, orientando-a, segundo os ensinamentos do Vaticano II, com grande firmeza e segurança. O Papa Francisco, por sua vez, será decerto lembrado como esse papa do povo, como alguém muito direto, de discursos simples, aberto ao diálogo com todos os segmentos da sociedade. Rompeu protocolos, mesmo aqueles dentro dos muros do Vaticano. Bondoso, deixará na história essa marca do amor, sobretudo aos pobres. Foi o primeiro pontífice latino-americano, o primeiro pontífice jesuíta, o primeiro pontífice de nome Francisco.

Todos esses pontífices entrarão para a história — cada um dentro de seu período, atendendo às necessidades da Igreja nos respectivos momentos históricos. Para nosso momento atual, a Igreja talvez precisasse mesmo de alguém que fosse mais ao encontro das pessoas, sendo esta "Igreja em saída" que o Papa Francisco menciona tanto. Ele vai a Bangladesh, a Myanmar, aos imigrantes, aos refugiados, sempre buscando a paz.

E possui também grande aceitação externa. Trata-se de um pontífice muito admirado, embora encontre certa resistência no seio da própria Igreja.

Toda renovação é lenta. Não se faz de um dia para outro. Até que se comece a assimilar as propostas do Papa Francisco, sobretudo em sua dimensão pastoral, um tempo considerável se faz necessário. Afinal, criamos muitos hábitos, e sair deles exige conversão, mudanças de vida, renúncia a certos métodos. O que Papa Francisco vem fazendo é chamar a atenção para nossos métodos pastorais, a fim de avaliarmos se são válidos ou não, se estamos antes fortalecendo uma estrutura do que a missão da Igreja. Tudo isso demora e gera insegurança, instabilidades; faz também com que alguns se mostrem mais radicais na manutenção de determinadas atitudes e costumes. Isso é normal. O mais importante é que a Igreja vai sendo conduzida pelo Sumo Pontífice, por quem a grandíssima maioria nutre enorme admiração e respeito. Naturalmente, não podemos igualar todos: a Igreja é uma unidade na diversidade. Comunhão na adversidade não equivale a uniformização. Deve-se conservar a fé e a comunhão com o Sumo Pontífice, muito embora alguns grupos venham a discordar de uma ou outra posição no campo da pastoral, criticando algumas de suas atitudes e a maneira como se expressa, chegando a tirar palavras suas de contexto. Isso acaba por gerar inquietações e, muitas vezes, o enrijecimento de certas posturas. Vale recordar aqui as palavras de Santo Agostinho: "No essencial, unidade; no acidental, liberdade; e, em tudo, caridade."

Por ocasião do Sínodo sobre as famílias, houve a publicação de um livro que buscava resistir a ideias mais progressistas propostas por alguns cardeais, de modo mais notável o Cardeal Walter Kasper. Meses depois, quatro cardeais importantes enviaram algumas dubia *ao Sumo Pontífice, colocando-o, por assim dizer, contra a parede — e em público. No centro desse debate, uma nota de rodapé do capítulo 8 da exortação apostólica* Amoris laetitia, *que daria a entender que há possibilidade de ministrar a Eucaristia a quem estivesse em segunda união. Pouco tempo depois, publicou-se uma "correção filial" dirigida ao Papa Francisco e assinada por membros do clero, por teólogos e leigos. De que modo devemos ler essas tensões relativas à autoridade papal?*

Bem, creio que o Papa Francisco não respondeu propriamente a essas críticas porque, para ele e para nós todos, o que está escrito na exortação é o que ele tem de dizer à Igreja. Nos dois Sínodos, tanto o ordinário quanto o extraordinário, nunca se discutiu a doutrina sobre a indissolubilidade do matrimônio. A posição da Igreja é firme: o matrimônio válido é indissolúvel. As raízes dessa posição estão no Evangelho, e o papa sempre lembrou que esse ponto é indiscutível. Ao mesmo tempo, é preciso encarar situações concretas, de pessoas que vivem um drama familiar próprio. O problema está aí. Há gente que, julgando não ter se realizado na vida matrimonial, vive situação irregular, no que se chama segunda união. Para além de qualquer acesso aos sacramentos, é preciso, segundo o papa, integrá-las à vida comunitária, não discriminá-las e condená-las. Depois, deve-se acompanhá-las e, nesse acompanhamento, ter os discernimentos convenientes à situação concreta da pessoa em questão, levando em consideração os ensinamentos da Igreja e a situação matrimonial dos assistidos. Por fim, sob discernimento sólido e conduzida pela doutrina, a pessoa pode fazer as opções que forem convenientes, havendo, é claro, sempre a opção de recorrer ao tribunal eclesiástico, que pode ajudá-la a encontrar solução para seus problemas de um ponto de vista jurídico. O próprio Papa Francisco quis agilizar o trâmite dos processos relacionados aos matrimônios. O problema, portanto, não se resume a um "pode ou não pode comungar". Nenhum casal sério quer uma solução dessa maneira, simplificada, mas uma solução justa e razoável, que ajude ambos a encontrarem uma decisão que não venha a ferir a doutrina da Igreja.

Alguns não compreenderam.

De fato. Além disso, trata-se de uma exigência grande, ao menos para os padres. Integrar as pessoas à comunidade, acompanhá-las de perto, consolidar um processo de aconselhamento, ajudá-las a tomar decisões que, muitas vezes, são difíceis e exigem coragem... Bem, tudo isso é demorado e pede tempo. O pastor tem de renunciar a muitas coisas menos importantes para se dedicar a essas outras. Não é fácil.

Nesse âmbito das resistências, acabamos mencionando só o caso desses grupos que, no jargão eclesiástico, costumam ser denominados tradicionalistas. No entanto, as atitudes do Santo Padre afetaram outros. Papa Francisco chegou a afastar um bispo alemão que fizera uma reforma milionária em sua residência. Isso aconteceu no início de seu pontificado, o que faz com que sua decisão soe como um recado. Pode-se dizer que há resistências também a esse estilo simples que Francisco procura impor?

Com suas atitudes, o papa vem mostrando justamente qual é a função dos cargos na Igreja: o serviço. Você está a serviço do Evangelho, da Igreja e das pessoas. Suas posturas, portanto, seguem todas por caminhos assim. Os cargos não são recompensas por algum mérito, mas missões. É muito importante, então, despojar-se dessa ideia de que a posição ocupada eleva seu ocupante a uma dignidade superior à de todos os outros, tornando-o quase um objeto de veneração. Muito pelo contrário. A palavra "ministério", etimologicamente, quer dizer "serviço".

Quando fala sobre as "doenças da Cúria Romana", então, o Papa Francisco tem esse tipo de questão diante dos olhos.

Certamente. A autocomplacência, o sentimento de superioridade, isto é, de quem se sabe agraciado com determinada função porque é melhor do que os outros... Tudo isso reflete um pouco da vaidade humana e pode existir em qualquer um, mas nós precisamos tomar consciência de que toda função é serviço, todo dom que Deus nos oferece deve ser usado em prol da Igreja, da comunidade. E ele mesmo dá o exemplo: não busca honras, louvores, a exaltação de sua figura. Antes, procura aqueles gestos simples de amor e serviço, vivendo à sua maneira a pobreza e a austeridade. Dessa forma, mostra que é esse o espírito que deve animar a Santa Igreja, sobretudo quem trabalha diretamente para ela, em suas estruturas. No fundo, é tudo uma questão de espírito. João XXIII, por exemplo, conservou posturas tradicionalíssimas. É possível notar isso por meio de suas vestes

— encontra-se com facilidade a imagem dele usando um camauro. No entanto, ninguém saía pelo Vaticano lançando palavras de ordem contra ele, dizendo tratar-se de um reacionário. E por quê? Por causa de seu espírito. Era um homem simples, de fácil acesso. Isso é mais importante do que qualquer protocolo. É possível perceber quando alguém está preso apenas a honras.

Por falar em quem só busca honras, o Santo Padre vem falando muito sobre a corrupção. Na mensagem que gravou para nós, brasileiros, quando das comemorações dos trezentos anos de Nossa Senhora Aparecida, o tema retornou.

Esse é um recado que deve chegar ao mundo inteiro — ao Brasil, de modo especial, bem como ao restante da América Latina. Todos os países vivem um pouco essa situação. Tratar desse tema é fundamental porque, além do âmbito moral e do pecado, a corrupção rouba um dinheiro que se destina aos pobres, aos menos favorecidos, o qual deixa, assim, de ir para a educação, para a saúde, para a moradia, para a infraestrutura do país, para a geração de empregos. Tanto mais grave é o problema quanto mais endêmica se torna a corrupção, corroendo toda a sociedade e nivelando todo mundo por baixo. Hoje, de certa forma, somos tentados a desconfiar de quase todas as pessoas, sobretudo das autoridades. O normal, hoje, é achar que todos são ladrões e corruptos, que não há quem utilize bem os recursos públicos. A desconfiança constante cria um ambiente muito instável; com relação às instituições, pulula a insegurança. Isso é gravíssimo! Se as instituições não merecem mais crédito, recorreremos a quê? A um regime autoritário, a alguém que surja como solucionador dos problemas na base da força. Temos de denunciar isso insistentemente, como tem feito o papa. E o cristão que sente a vocação para se dedicar à vida política, para servir ao povo e ao país, não deve sentir medo de atuar na política partidária e concorrer a cargos públicos, pois muitas vezes a omissão dos bons cria mais espaço para os maus.

Não obstante o Papa Francisco seja da América Latina, como pastor da Igreja Universal ele também demonstra grande preocupação pelos cristãos perseguidos. São muitos os mártires na África, no Oriente Médio, muitos os refugiados... E a Igreja é, sem dúvida, um alvo cobiçado pelos fundamentalistas islâmicos.

Quando arcebispo, o Cardeal Bergoglio sempre manifestou grande sensibilidade diante da pobreza e do sofrimento humano. É natural que, como papa, sua visão tenha se ampliado, bem como o conhecimento que possui dos países em que o radicalismo exacerbado, irracional, sacrifica a vida de tantos por motivos de fé. Isso é tanto mais triste quanto mais sabemos como avançamos, em geral, na defesa e promoção dos direitos humanos, da liberdade de culto, da liberdade de consciência... O que ocorre nesses países é algo bárbaro que preocupa o papa e toda a Igreja. E uma das consequências das regiões de conflito são os refugiados, cujo sofrimento é tremendo. Quem já viveu longe de casa, mesmo em condições normais, conhece as dificuldades. O que pensar desses que vivem em condições extremas, que precisaram deixar tudo, inclusive a família, os filhos? Na Europa, nota-se a presença de muitos rostos diferentes, rostos que só desejam viver com certa dignidade. Como o papa não possui nenhum tipo de interesse político ou econômico, mas apenas o desejo de defender a pessoa humana independentemente de quem seja, da cultura a que pertença e da cor da pele, o seu lado é o lado desses refugiados. Não surpreenderá que estimule todos os países a lhes darem abrigo, cada qual segundo suas condições. Essa gente não pode ser obrigada a retornar à situação penosa em que se encontrava, tampouco a viver na rua, ao léu.

O que esperar da Igreja nos próximos anos, em especial do Papa Francisco e da Cúria? É possível prever a consolidação de todas as mudanças a que o Santo Padre se propôs?

Ele está fazendo mudanças paulatinamente. Não se faz, sobretudo no caso de um papa, todas as mudanças desejadas num ano ou dois.

Muitas terão de ser levadas adiante por seu sucessor; outras precisarão ser adaptadas porque a Igreja é dinâmica tanto em sua estrutura quanto em sua organização, acompanhando as novas situações que não cessam de surgir. Sob esse aspecto, nunca se faz uma mudança propriamente definitiva; ela é realizada para atender a circunstâncias atuais. Muito, porém, já avançou. Pude mencionar a unificação de alguns dicastérios, a possibilidade de melhor relação da Santa Sé com as conferências episcopais. Tudo com muita prudência. A Igreja não faz nada às pressas: sempre tem calma, sempre ouve muito, dialoga muito, sempre pensa no bem da Igreja toda, e não somente de uma congregação ou de um pontificado em particular. Afinal, esta é uma Igreja que sempre caminha, que tem dois mil anos às costas e continuará avançando até o fim da história.

Dom Orani Tempesta

Quando conheci o hoje Cardeal Dom Orani João Tempesta, arcebispo do Rio de Janeiro, o que mais me chamou a atenção foi sua capacidade de conciliação. Estávamos no final de 2004, e ele tinha acabado de ser nomeado, pelo Papa João Paulo II, arcebispo de Belém. Sua nova missão não era uma tarefa fácil. Dom Orani teria a missão de suceder o carismático Dom Vicente Zico (1927-2015), arcebispo admirado pelos paraenses.

Nesse período, havia uma preocupação especial da Santa Sé com relação a substituições traumáticas nas dioceses brasileiras. A mais difícil tinha ocorrido nos anos 1980, com a nomeação do conservador Dom José Cardoso Sobrinho para substituir o progressista Dom Hélder Câmara na Arquidiocese de Olinda e Recife. A mudança radical teve forte impacto sobre os fiéis, dividindo a Igreja na capital pernambucana.

Em 2006, numa viagem a Belém, fiz uma visita a Dom Orani. Além do entusiasmo em mostrar a estrutura da TV Nazaré, ligada à arquidiocese, fez questão de me levar para conhecer Dom Zico, que morava com ele na residência episcopal. A amizade e cumplicidade dos dois era evidente, e tive a impressão de que Dom Orani tratava Dom Zico como uma espécie de irmão mais velho.

Essa boa relação é apontada como fator fundamental para, anos depois, em 2009, ele ter sido escolhido pelo Papa Bento XVI para comandar a Arquidiocese de São Sebastião do Rio de Janeiro. O Palácio São Joaquim chegou a viver momentos de atritos desde que o Cardeal Dom Eugenio Sales fora substituído, em 2001, pelo Cardeal Dom Eusébio Scheid. A chegada de Dom Orani foi comemorada pelo clero do Rio. E logo se pôde perceber um novo ambiente de convivência na arquidiocese.

Esse traço conciliador se revelou desde o ingresso de Dom Orani na vida eclesiástica como monge cisterciense, no início dos anos 1970. Muito jovem para os padrões da Igreja, foi nomeado bispo de São José do Rio Preto pelo Papa João Paulo II, com apenas 46 anos, em 1997. Na CNBB, teve participação ativa, presidindo por oito anos a Comissão Episcopal para Cultura, Educação e Comunicação Social. Todavia, desde cedo passou a ser identificado pela sua simplicidade e por seu envolvimento com as causas sociais.

Durante a Jornada Mundial da Juventude, em 2013, foi anfitrião do Papa Francisco no Rio de Janeiro. Como o pontífice costumava fazer quando arcebispo em Buenos Aires, Dom Orani também manteve como prática diária visitar comunidades carentes do Rio e subir os morros cariocas. Certa vez, cheguei a acompanhá-lo na comunidade de Manguinhos e percebi como os fiéis gostam de se aproximar do arcebispo. É comum, dentro e fora do Rio de Janeiro, Dom Orani ser abordado por populares. Com seu jeito simples e carisma discreto, ele se tornou uma das figuras mais populares da Igreja no Brasil.

Foi justamente num domingo de janeiro, em 2014, quando estava em visita pastoral, que ele foi informado que fora criado cardeal pelo Papa Francisco. Naquela manhã, Dom Orani celebrava uma missa na Cruzada São Sebastião, um complexo de edifícios construído no Leblon em 1955 por iniciativa do então bispo auxiliar do Rio, Dom Hélder Câmara. Aos jornalistas, ele demonstrou surpresa com a indicação. "Foi Providência Divina estar num lugar que tem a marca de Dom Hélder, que trouxe o nome de São Sebastião para cá e que foi uma tentativa de solucionar a questão da moradia." Depois da Missa, Dom Orani repetiu sua rotina de subir morros e visitar as casas de alguns moradores das comunidades da cidade.

Para essa longa entrevista, Dom Orani me recebeu no dia 20 de novembro. Antes, me convidou para almoçar com ele no Palácio São Joaquim. O cardeal não abandonou alguns hábitos da vida comunitária de seus tempos de monge, e sempre almoça acompanhado de bispos e padres, além dos visitantes. Durante a entrevista, perguntei-lhe sobre a preocupação do Papa Francisco com uma Igreja mais missionária. Há cinco anos, eu tinha questionado o próprio pontífice sobre o desafio da evasão de fiéis. Por isso, queria saber agora como Dom Orani enxergava a situação.

"A questão me parece muito complexa. Não é tão simples detectar os porquês dessa evasão, pois cada tipo de interpretação pode esconder atrás de si algumas ideologias. O que acontece é que nós tínhamos certo número de católicos, mas sem que houvesse acompanhamento e aprofundamento da própria fé. O católico o era mais por tradição, e não porque experimentara a presença da Igreja por perto. Quando começam a surgir grupos religiosos mais próximos, essa evasão começa a aparecer", disse, para em seguida completar: "Essa 'Igreja em saída' de que ele fala [o Papa Francisco] é a manifestação de sua maternidade. Consiste em ir atrás daqueles filhos que estão por aí e muitas vezes são esquecidos. Devido ao número de sacerdotes, que não é suficiente, acaba-se cuidando de quem está mais próximo, de quem já se encontra na Igreja ou na vizinhança, esquecendo-se, porém, dos outros. Muitas vezes, esses só são atingidos de maneira casual, quando, por exemplo, sintonizam alguma estação de rádio ou televisão. Tornam-se, portanto, presas fáceis de quaisquer outras promessas."

Dom Orani, não obstante eu tenha aqui muitas perguntas, o início deve ser... o início. Como o senhor percebeu que Deus o chamava para ser sacerdote? Quando descobriu essa vocação?

Eu nasci bem próximo da Igreja de São Roque, em São José do Rio Pardo. Toda a minha caminhada de vida cristã se deu ali. Já sentia certa inclinação para o sacerdócio, mas era muito criança. Sentia-a também durante a adolescência. A decisão propriamente dita foi tomada quando eu estava ainda no segundo grau, hoje chamado ensino médio. Foi ali, naquela época em que decidimos o que vamos fazer da vida, que começou o questionamento. Todos se perguntavam o que iriam cursar — se alguma área de exatas, de humanas... Eu, por outro lado, já era catequista, e tinha também um trabalho profissional, com carteira assinada — chamava-se algo como "Carteira de Menor", algo que acho não existir mais. De todo modo, logo no primeiro ano do segundo grau me veio ao coração que meu caminho era aquele. Comecei então a me aconselhar com alguns padres, mas esperei até concluir os estudos. Assim que isso aconteceu, pedi demissão do trabalho e entrei para o noviciado.

Hoje o senhor tem uma visão privilegiada da Igreja no Brasil e no mundo, pela própria natureza de seu ofício. São muitos os desafios da vida sacerdotal em nosso tempo, não é? A começar pela realidade do seminário...

Ontem eu celebrei a Santa Missa para os jovens que, em 2018, ingressarão no propedêutico, o estágio de formação que antecede o seminário propriamente dito. Havia ali quarenta jovens, muitos deles responsáveis até mesmo pela própria família. Digo que é sempre um milagre ter comigo jovens que vêm dos mais diversos lugares do Rio de Janeiro numa época em que há tantas facilidades em matéria de escolaridade e vida profissional. Ao mesmo tempo, a maioria dos rapazes aí fora não está mergulhada nesse clima religioso; grande parte não nutre essa preocupação pelos valores, pelo "ser cristão". Um dos principais problemas que enfrentamos é, portanto, o de olhar para outros jovens que não conseguimos atingir porque possuem formação diferente, um tipo de vida diferente, na qual faz falta a presença da Igreja.

Depois, é claro, há os discernimentos, o constante acompanhamento espiritual e psicológico de quem já ingressou no seminário, cuja preocupação vai muito além do âmbito acadêmico e pastoral. No decorrer da caminhada, os jovens vão discernindo a própria vocação, e alguns decidem sair para se casar, outros para se tornarem religiosos, outros para realizar um tipo distinto de consagração... Noto, nesse aspecto, que a falta de compreensão do valor da vida consagrada e das exigências da vida sacerdotal também se manifesta no jovem. Ele é alguém que, embora tenha as próprias convicções, chega sujeito a outras influências da sociedade: tem telefone celular, tem televisão, tem acesso às mídias. Numa sociedade líquida, sem muita consistência, não há dúvida de que alguns jovens acabam não tendo força para continuar. É de todo modo reconfortante ver que, em geral, mesmo aqueles que não perseveraram continuam muito próximos, mesmo se casados e com filhos. São gratos ao seminário pela formação que receberam.

De todo modo, essa é a visão de alguém que está no Rio de Janeiro.

Cada região possui características próprias, de fato.

O estado de São Paulo, por exemplo, é um foco de vocações. Em termos de proporção entre o número de habitantes e a quantidade de sacerdotes, há mais padres ali do que em qualquer outro lugar. Na região de Limeira ingressam mais de vinte padres por ano! No Nordeste e na região Norte, por sua vez, parece-me que a situação é um pouco mais difícil.

E quais seriam essas dificuldades, ao menos nesse âmbito, de uma região como a do Norte do Brasil?

São poucos os padres e enormes as dioceses. Pastoralmente, eles devem ir ao encontro das pessoas em vilas que são longínquas. Em contextos assim, é difícil haver gente para trabalhar as vocações. Além disso, há uma forte influência indígena ali, com outra mentalidade. Como fazer discernimento vocacional nesse meio? Como penetrar nessa cultura? Trata-se de uma cultura diferente! Para tornar a situação ainda mais complexa, parte considerável das dioceses do Norte é ocupada por bispos religiosos e estrangeiros.

É precisamente nesse contexto que surge a ideia de aceitar a ordenação de homens casados para regiões como a Amazônia, na qual há dificuldade de encontrar vocações. Qual seria a análise do senhor?

Essa não é uma questão de dogma de fé, mas diz respeito a uma disciplina da Igreja. Temos na Igreja dois códigos de Direito Canônico: o ocidental e o oriental. O oriental prevê a possibilidade de homens casados serem ordenados padres. São católicos como nós, que se submetem ao Santo Padre e aos superiores legítimos. O Papa Francisco, inclusive, já concedeu licença para que as Igrejas orientais que têm direito a ordenar homens casados possam fazê-lo também no Ocidente. Nesse caso, trata-se de uma ideia cuja concretização é possível.

De todo modo, existirá sempre o carisma do celibato, esses homens chamados a uma entrega e disponibilidade total — mesmo porque alguém casado que seja ordenado padre terá algumas limitações. A família o impede de ficar mudando de lugar, bem como muitas outras coisas. Em geral, nas Igrejas do Oriente, os padres casados são párocos de suas aldeias, daquelas cidades onde nasceram. Eles levam a vida ali.

Como no caso da grande maioria de seus colegas cardeais, os três últimos pontífices foram de enorme importância para o senhor: São João Paulo II o fez bispo e arcebispo; Bento XVI o enviou para o Rio de Janeiro e ratificou a escolha da cidade como sede da XXVIII Jornada Mundial da Juventude; e Francisco o elevou a cardeal. Como o senhor vê a diferença entre essas figuras de peso na história recente da Igreja?

Creio que, por graça de Deus, cada papa tem sua característica e responde às necessidades da Igreja num certo momento da história. Acredito na ação do Espírito Santo, que, pelo voto dos cardeais, escolhe aquele que vai ocupar a Sé de Pedro.

Bem, recordo-me só muito vagamente de João XXIII e Paulo VI. Ainda assim, a figura de cada um realmente trazia algo de muito positivo para nós, jovens estudantes. Quando de João Paulo I, cujo pontificado foi rápido, eu já ingressara na vida sacerdotal. A marca mais duradoura, porém, quem deixou foi João Paulo II, em especial pelo tempo que permaneceu em sua missão. Ele vinha de uma experiência na Polônia que marcara muito a sua vida: sofrera a perseguição nazista, a perseguição comunista... Também estudara clandestinamente no seminário. Mesmo enquanto bispo teve de enfrentar os comunistas para poder fazer a Igreja. Ele fazia à noite o que fora destruído durante o dia. Em seu pontificado, portanto, ele trouxe um pouco disso consigo. Abriu a Igreja a algumas definições sobre as quais havia muitas discussões. São João Paulo II insiste bastante na questão missionária, bem como na questão da identidade da Igreja e dos valores no mundo em mudança. As mudanças na Europa fervilhavam, surgia uma Comunidade Europeia com matizes próprios... Nessas circunstâncias, São João Paulo II atuou como árbitro de várias questões polêmicas no mundo, entre elas a briga entre Chile e Argentina. Ao mesmo tempo, procurou levar o Concílio Vaticano II adiante, reafirmando-o com autoridade.

Bento XVI trouxe consigo um estilo diferente. Como professor, conseguia traçar definições com muita clareza. Muitos o consultam em virtude de sua visão teológica e filosófica, tão relevante para o mundo de hoje. Todas essas questões ele abordou nos seus escritos, levando-as também para as suas falas enquanto Sumo Pontífice. Ele também inovou, mencionando autores pouco usuais nos documentos papais. Em suma, trata-se de alguém com uma capacidade intelectual muito grande, que ofereceu à Igreja uma contribuição enorme. Também desempenhou um papel importante na relação com os tradicionalistas, procurando fazer a sua parte naquele momento, embora não agradasse a todos.

Francisco, por sua vez, vem de outra realidade, saindo de uma cidade latino-americana muito grande como é Buenos Aires. Foi o responsável pela redação final de um documento muito importante para a Igreja — o famoso Documento de Aparecida, o qual nos faz ver com os olhos da fé os acontecimentos de hoje e recorda à Igreja sua missão permanente. O Papa Francisco veio num momento muito providencial, quando a Igreja vinha sendo acusada de diversos problemas morais. Traz consigo essa novidade, esse dinamismo latino-americano, ao mesmo tempo que coloca a necessidade de questionar a sociedade em relação à pobreza. A começar pelo nome que escolheu! Desse modo, chama a atenção do mundo para a fome, para a miséria, para essa complexa situação dos refugiados, âmbito em que suas palavras nem sempre são bem aceitas...

Como se nota, vejo características bem diferentes entre cada um dos três, mas cada qual contribuiu para a Igreja no seu tempo, no seu momento. Assim são os papas e a ação do Espírito Santo na Igreja.

No entanto, a proximidade do papa com o povo não começa com Francisco. São João Paulo II já mudara muito a forma de o Vaticano se comunicar. Suas viagens internacionais, além disso, fizeram dele um pontífice muito presente. A visão que as pessoas têm da Igreja necessariamente muda com atitudes assim.

Eu sempre digo que o Espírito Santo atua antes que a gente possa sequer imaginar as coisas. Os dois primeiros documentos do Concílio Vaticano II foram importantíssimos sobretudo porque trataram de temas que se tornariam polêmicos no futuro. Trata-se do *Inter mirifica*, sobre a comunicação, e do *Sacrosanctum concilium*, sobre a liturgia. O *Inter mirifica* é um documento pequeno, que não traz assim grandes questões, mas que abre caminho para a Igreja pensar a comunicação. Na esteira dele virão documentos mais embasados e o Dia Mundial das Comunicações Sociais, bem como certa reformulação do sistema de comunicação do Vaticano. O Papa João Paulo II, naturalmente, herda essa tradição de comunicação da própria Igreja. Ele conhecia a sua importância. Além disso, havia trabalhado em teatro, fora professor universitário... São João Paulo II soube como ninguém utilizar as mais diversas formas de comunicação para falar com o povo, com as massas, em especial com a juventude, por quem nutria grande carinho. As Jornadas Mundiais da Juventude foram criadas por ele sob essa preocupação de falar ao jovem. Além disso, havia as viagens internacionais. Já existiam — Paulo VI também viajara —, mas não há dúvida de que São João Paulo II incrementou muito esses deslocamentos. Seus gestos também eram significativos: todos se lembram dele beijando o solo dos locais em que chegava. Mesmo quando não podia mais ajoelhar, traziam-lhe a terra para que beijasse.

Cabe lembrar que Francisco também inovou na parte da comunicação. Ele muda completamente a organização do Vaticano nesse quesito. Todas as mídias agora se encontram sob a Secretaria de Comunicação, de modo que há certa unidade entre o conteúdo que se comunica e aqueles que trabalham para comunicá-lo. Como resultado, podemos seguir o papa no Twitter, há o vídeo mensal em que ele comenta um tema escolhido... Tudo isso só se torna possível, de certa forma, graças aos caminhos abertos por São João Paulo II.

E o contato de João Paulo II com o povo não cessou nem mesmo ao fim da sua vida, período em que seu sofrimento físico era profundo e mesmo público. Não há um forte simbolismo nessa dor experimentada aos olhos de todos?

Embora eu não possa dizer isso com toda a certeza histórica, tenho impressão de que nos últimos tempos jamais tínhamos visto um papa doente. Sempre se escondia a enfermidade, que só vinha à tona depois de falecido o pontífice. João XXIII e Paulo VI são os exemplos mais próximos disso. Sabia-se que estavam doentes, mas as informações não passavam de uma coisa e outra. São João Paulo II, por sua vez, não esconde nada: mesmo enfermo, continua atendendo, continua falando. Há nas doenças uma carga humana muito forte, o que é significativo não só para a Igreja, mas também para o mundo inteiro. Estava ali um ser humano que tinha uma missão enorme e a continuava exercendo até o fim.

O que humaniza a Igreja.

Humaniza, sem dúvida. Trata-se de alguém passando por necessidades e dificuldades.

Falávamos um pouco do Papa Bento XVI. Talvez fosse a figura mais próxima de São João Paulo II em todo o seu pontificado. Conta-se que teria dito que, se o Cardeal Ratzinger escrevesse algo, ele o assinaria sem precisar ler. O conclave que elegeu Bento XVI teria optado, então, pela continuidade? Joseph Ratzinger já se tornara célebre pelos diagnósticos que fazia do mundo contemporâneo, da atual crise da fé e da razão. Tornou-se emblemática a homilia da Missa Pro Eligendo Pontifice, *na qual identificava a "ditadura do relativismo" que regeria nosso tempo.*

Essa fala sobre o relativismo encontra-se dentro de sua linha de pensamento. Bento XVI já falara sobre o tema antes de sua eleição, e quando na Sé de Pedro voltaria a fazê-lo algumas vezes. Fica nisso clara a sensibilidade do grande teólogo. E aquela homilia anterior ao conclave foi, sem dúvida, bastante incisiva e muitíssimo importante.

Quanto à escolha do Sumo Pontífice, vejo nela, como disse, a ação do Espírito Santo, que leva adiante a Igreja com seus carismas. Quando ainda Cardeal Ratzinger, Bento XVI teve forte ligação com João Paulo II; foi Prefeito da Congregação para a Doutrina da Fé, conhecia muito bem todo o sistema da Cúria e todo o ambiente da Santa Sé. No entanto, vejo as coisas de maneira um pouco diferente: Bento XVI não representou uma mera continuidade, mas trouxe novidades próprias, características muito suas. Pode-se notá-lo em seu modo de agir, de ser... Ele tomou rumo próprio nas investigações que se fizeram necessárias em seu pontificado, foi dócil à sua visão nas decisões que precisou tomar. A própria renúncia dá mostras disso.

Já falaremos da renúncia. Antes, retomo algo que o senhor recordou: a relação de Bento XVI com os tradicionalistas. Ele buscou com afinco paternal a aproximação com a Fraternidade Sacerdotal São Pio X, talvez a voz mais conhecida do movimento que critica o Concílio Vaticano II, a reforma litúrgica, a posição da Igreja com relação ao ecumenismo, entre outras questões. Até hoje a relação da Santa Sé com grupos assim não é muito tranquila.

Essas tratativas já se tinham iniciado à época de João Paulo II, com alguns encontros, criação de comissões etc. Bento XVI, sabendo de tudo isso, deu alguns passos, entre eles o de facilitar a celebração daquela que passou a se chamar forma extraordinária do rito romano, isto é, a Liturgia de Pio V, que vigorou até a reforma litúrgica. Bento XVI fez isso sem resvalar em qualquer ruptura, mas num clima de continuidade entre a Igreja anterior e posterior ao Concílio, como há de ser. Um bom exemplo dessa postura se encontra no Brasil, em Campos: a Administração Apostólica São João Maria Vianney está unida ao papa, aceita o Concílio Vaticano II e celebra o rito antigo da Missa.

A postura de Bento XVI trouxe muitos para perto da Igreja, mas sob a condição lógica de que aceitassem o Concílio, o diálogo ecumênico, entre outros pontos. Ao mesmo tempo, sempre há aqueles grupos mais ferrenhos, sobretudo na Europa. São contrários ao Concílio Vaticano II, acham que não deve haver diálogo inter-religioso ou diálogo ecumênico, pois assim a Igreja se relativizaria... Nesse caso, é claro, não tem como mudar. A Igreja não pode ceder naquilo que é sua doutrina e naquilo que integra o magistério conciliar. Os passos do Concílio Vaticano II são passos importantes. Com o Papa Francisco, que também toma algumas decisões de peso, há certo aumento do descontentamento desse pessoal.

Agora, sim, chegamos à renúncia de Bento XVI. Uma renúncia surpreendente, inédita em tempos modernos. Como Dom Orani avalia o impacto de um gesto tão simbólico?

Bento XVI, como ele mesmo comentou em entrevista recente, já não estava se sentindo forte o suficiente para fazer as viagens que sua missão exigia, para dar conta do volume de coisas que chegava até ele. Além disso, aproximava-se a Jornada Mundial da Juventude. Sobretudo a Jornada fê-lo achar necessário que estivesse ali alguém que fosse mais dinâmico, que tivesse mais vigor. É muito sincero da parte dele isso. Recordo-me de que algumas vezes conversamos sobre a Jornada, e ele sempre foi reticente. Quando quisemos fixar a data, não podíamos agendar o ano de 2014 porque havia a Copa do Mundo, também no Rio de Janeiro. Restavam 2013 e 2015. Quando se cogitou 2015, ele disse: "Não, muito longe. Não sei se estarei vivo até lá." Bento XVI já sentia sua fragilidade. Na viagem que fez a Cuba, por exemplo, ele caiu.

Sua saúde era de fato frágil.

Lembro-me de quando vieram para ver o local onde o Santo Padre iria ficar. A grande preocupação era a posição da cama, a localização do banheiro, como ele poderia sair à noite, onde se acendia a luz. Havia uma preocupação. E essa preocupação ele também tomou para si, mas aplicando-a à Igreja: Bento XVI quis que houvesse alguém que pudesse dar mais dinamismo a esse trabalho. De todo modo, foi algo que realmente marcou a Igreja, algo que pegou todos nós de surpresa. Embora se falasse na possibilidade de uma renúncia acontecer, jamais ninguém vira algo assim. Fomos testemunhas de algo inédito. A vontade de Bento XVI foi respeitada e outro veio continuar sua missão com o dinamismo que ele mesmo quisera. Creio que a gente aprende, nesse caso, que chega um momento em que não produziremos tanto quanto se produz hoje, que às vezes é bom que seja outro a fazê-lo. Esse não é um exemplo apenas para a Igreja, mas para muita gente no mundo, para muitos governantes etc.

Muitos falam nas limitações físicas, sobretudo após as declarações do próprio Bento XVI. No entanto, à época do conclave, que eu cobri, falava-se demais nas divisões internas. Qual o peso disso na decisão dele?

Bem, isso é algo que só ele poderia responder, mas não há dúvida de que o Vaticano apresentava problemas internos. Veja-se o vazamento de documentos internos, a atuação da imprensa com relação a questões morais... No entanto, Bento XVI assumira o princípio, como ele mesmo veio a revelar, de que nunca se poderia fazer uma renúncia num momento difícil, e sim quando as coisas estivessem mais calmas. Talvez isso tenha aumentado a sensação de surpresa: as críticas e as divisões não estavam "em alta". Ao mesmo tempo, as coisas ficavam mais tranquilas também para a eleição de um novo pontífice.

E se tratou de uma eleição igualmente surpreendente. Chegou um "papa do fim do mundo". Latino-americano, jesuíta... São muitos ineditismos também.

Repito, em primeiro lugar, que a ação do Espírito Santo vai conduzindo a Igreja pelos caminhos que julga melhor. Depois, o Cardeal Bergoglio era conhecido pelos cardeais latino-americanos; também ia a Roma para alguns trabalhos que a condição de cardeal exigia. A grande imprensa, certamente, não o conhecia bem e acabou apostando na eleição de cardeais europeus. De todo modo, o papa que vai ser eleito é sempre uma incógnita, e as escolhas só vão se delineando naquelas congregações anteriores ao conclave, nas quais se discute o perfil do próximo pontífice.

Terá havido um sentimento de mudança nessas discussões?

Se o conclave pensou assim ou não, não sei dizer, mas que houve mudanças é algo evidente: mudança de região, da maneira de pensar... Eu não estava no conclave e não participei de nada, e por isso não estou sob segredo nenhum. Creio que nessas reuniões tenha se falado um pouco sobre a questão da Cúria Romana e a necessidade de reformá-la; talvez a questão do IOR, o Banco do Vaticano. E de tal modo que o Santo Padre vem dando passos nesse sentido. Certamente o conclave viu em Francisco, então Cardeal Bergoglio, alguém capaz de levar isso tudo para a frente com sua tenacidade jesuítica. Outras questões também devem ter sido consideradas, é claro: talvez a preocupação com a situação de miséria, de pobreza, a necessidade de maior presença da Igreja na sociedade, os trabalhos com a mídia...

E o Papa Francisco conseguiu levar a cabo todos esses movimentos? Ele de fato fez todas as reformas?

Acho que devemos usar o gerúndio: *está fazendo*. Na verdade, não existe um programa tão bem definido. No seu primeiro discurso, o Santo Padre não fala de um projeto, de fazer isso ou aquilo. Não se trata de seguir um querer avulso seu, mas de se ater ao que foi discutido antes do conclave — a Cúria Romana, a comunicação da Igreja, a questão social, a presença da Igreja junto ao povo. Penso que o Papa Francisco tem dado passos muito importantes. Ele traz consigo as preocupações pastorais da sociedade de hoje.

Quando pediram que o Papa Francisco se definisse, ele declarou ser um pecador. Parece ser um recado àqueles que agem como se detivessem a santidade consigo, não?

Há nisso um sentido muito claro: o de que não somos perfeitos, de que cada um deve ir se convertendo. O santo não é alguém que permanece no pecado, mas alguém que é pecador e se converte a cada dia. Quanto a isso, lembro-me de que, na Jornada Mundial da Juventude, logo no primeiro dia, o Papa Francisco pediu para si um confessor. Nós lhe respondemos: "Arranjaremos um, mas isso se tornará conhecido." E o Santo Padre: "Não há problema: podem falar que o papa se confessa." Em coisas assim, ele tem dado sinais muito claros de que o importante, para quem quer ser santo, é levantar e recomeçar. Os santos são assim. Houve santos que se confessavam todos os dias, às vezes mais de uma vez.

No contexto do Ano da Misericórdia que o Papa Francisco promulgou, ele também conferiu aos padres a capacidade de absolver o pecado do aborto.

De certa forma, essa possibilidade já existia.

Mas deveria passar pelo bispo, não?

Sim, dependia um pouco do bispo. Aqui no Rio de Janeiro, por exemplo, já tínhamos convencionado que todos os padres que conduzissem atividades paroquiais tinham licença para absolver o pecado do aborto. A única exceção eram os sacerdotes que estavam de passagem pela diocese, que não eram párocos, vigários paroquiais, nada. Estes ainda necessitavam de licença. Cada diocese, portanto, tinha liberdade de conferir esse poder. Num passado remoto, ademais, era comum que o bispo autorizasse um número determinado de absolvições: o padre poderia absolver dez, vinte casos, algo assim, terminados os quais era preciso solicitar uma nova licença.

Naturalmente, como o mundo é muito diversificado, as coisas deveriam variar muito de local para local. Nesse contexto, o papa estendeu a todo padre o poder de ser esse instrumento de misericórdia. Outra manifestação paterna de Francisco, por exemplo, foi a de conceder aos tradicionalistas da Fraternidade Sacerdotal São Pio X, que negam a validade do Concílio Vaticano II e da Missa Nova, a faculdade de atender validamente às confissões. Tudo isso está alinhado àquilo a que Francisco vem nos exortando, a saber: a de que devemos ser um sinal da Igreja que vai ao encontro de quem está muito machucado. Tirar a vida de uma criança no próprio ventre é um machucado muito grande para a mulher. A Igreja não aceita o aborto, mas também está ali para curar, para curar quem está ferido, para estar junto.

Não excluir.

Sem exclusão. Aliás, é um pouco esta, também, nossa grande missão: saber acolher mesmo quando você não tem como fazer nada. O papa tem colocado em evidência essa outra face da missão da Igreja.

Teve bastante repercussão a frase que o Santo Padre disse ao tratar dos homossexuais: "Quem sou eu para julgar?" Algumas interpretações foram exageradas, mas não seria de fato uma mudança de tom?

Sim, sem dúvida. Nesse aspecto em especial das tendências homossexuais é preciso levar em consideração que muitos sofrem por isso, ao passo que há, do outro lado, um forte *lobby* por parte de alguns grupos de pressão. O papa está ali justamente para saber acolher a todos, mas saber acolher não significa dizer que tudo está certo, e sim que na Igreja há lugar para que as pessoas possam fazer a experiência da misericórdia de Deus. Escuto muitos párocos relatando que esse acolhimento tem ajudado muita gente a sentir-se bem em seus corações, em suas dificuldades. A gente nunca sabe muito bem o que ocasiona essas tendências, e as discussões são inúmeras; por isso não cabe ficar julgando por que alguém chega a uma situação assim. Nesse ponto, a frase do Papa Francisco é muito profética: antes de julgar ou condenar, estamos aqui para anunciar a Salvação. O que se pode fazer se faz; quando não há nada a ser feito, ficamos por perto.

Falando em polêmicas, na esteira do Sínodo da Família e da publicação da exortação apostólica Amoris laetitia, *deu-se a grande controvérsia sobre a possibilidade de comunhão para casais em segunda união. A reação a essa possibilidade foi fortíssima — e talvez o mais correto seja dizer que ainda não passou. Houve a carta de quatro cardeais importantes ao Santo Padre, nas quais questionavam algumas de suas declarações, houve uma "correção filial" de fiéis do mundo todo ao papa...*

A grande discussão gira em torno do famoso capítulo 8 da *Amoris laetitia*. Isso é uma pena, pois são muito belos os capítulos do documento sobre a família e o matrimônio para que fiquemos detidos apenas naquele segmento. De todo modo, o papa vem ao encontro de uma pergunta que fora discutida em duas reuniões do episcopado: o que fazer quando não há solução canônica e a pessoa participa da Igreja? A resposta está em que o padre responsável deve acompanhar pessoalmente cada situação, sem que haja uma solução genérica para todo mundo. Deve-se caminhar junto, buscando o amadurecimento. O papa não permite ou generaliza nada, mas enfatiza o discernimento dos sacerdotes.

Lembrando que essa preocupação do Santo Padre também se traduziu em esforços para tornar um pouco mais ágeis os processos de nulidade matrimonial. Em alguns casos, os bispos têm autonomia para tomar decisões sem passar pelas demoras do tribunal eclesiástico.

E como o senhor vê a reação dos grupos que vêm tecendo críticas públicas ao Papa Francisco em virtude dessas questões? Já se disse que temos uma espécie de cisma velado. Ao mesmo tempo, entra em cena o conceito de infalibilidade papal, que é usado a torto e a direito.

A infalibilidade foi muito bem definida pelo Concílio Vaticano I, mas nem sempre é compreendida corretamente, e se cria muita confusão. De todo modo, penso que fazer perguntas, como fizeram os cardeais, não é sinal de que se deseja dividir a Igreja. Eles quiseram uma resposta para as dúvidas que surgem. Não me parece que se tem um cisma — há, antes, algo que, na visão de alguns cardeais, de alguns teólogos, é de difícil entendimento. É o caso do famoso capítulo oitavo da *Amoris laetitia*, do acompanhamento personalizado dos fiéis em situação conjugal irregular. Eles pensam que isso poderia ferir a doutrina na indissolubilidade matrimonial.

Não estaria por trás disso uma reação ao estilo pastoral de Francisco?

Creio que há a mistura de dificuldade pastoral com doutrinal. A preocupação de fundo, parece-me, é a de que a pastoral venha a ferir a doutrina, aquilo que Jesus expressamente declarou no Evangelho. Acho que, por baixo dessa questão toda, é um difícil diálogo entre doutrina e pastoral. Muitos especialistas dizem que se trata de uma questão sobre a qual não há grandes dificuldades e que estava resolvida, mas não há dúvida de que nem todo mundo está convencido disso. Daí as perguntas dos cardeais. Ao mesmo tempo, vejo que o Papa Francisco tem reafirmado a validade daquilo que escreveu e que tem grande consciência disso tudo.

O senhor foi um dos primeiros bispos a serem elevados a cardeais pelo Papa Francisco. Isso foi parte de um movimento mais amplo, de internacionalização do colégio cardinalício. É notável a presença de cardeais que vêm dos ditos países periféricos. Como isso poderia influenciar num próximo conclave? É provável que essa transformação se intensifique?

A meu ver, essa é uma mudança significativa, uma mudança que não se resume apenas na alteração das regiões de onde vêm os cardeais, mas também das regiões que servem como sedes cardinalícias. Não há mais aquela história de que determinada cidade terá sempre um cardeal, não obstante houvesse certa tradição quanto a isso. As escolhas do Papa Francisco dão um pouco a dimensão real da Igreja, cuja presença se dá em nível mundial. Creio que essa internacionalização é um bem para a Igreja. São muitos os rostos asiáticos, africanos, latino-americanos...

O que poderia trazer novas surpresas num conclave futuro, com a diminuição da força da Europa.

Bem, a escolha do papa pode sempre surpreender. Ela não tem de seguir a lógica humana: o Espírito Santo surpreende sempre. De todo modo, não há dúvida de que, com essa internacionalização, os cardeais acabam se conhecendo menos, tendo encontros mais esporádicos. Dessa maneira, humanamente falando, tudo indica que pode haver mudança na maneira de ver a situação e necessidades da Igreja. Isso só o tempo vai dizer, porém.

Logo no início do pontificado, o Santo Padre afastou um bispo da Alemanha que vivia em ambiente de muito luxo e que, inclusive, fizera uma reforma milionária em sua própria residência. Era mais um recado. Aqui no Brasil, também chamou a atenção por ter optado por um carro simples durante a Jornada Mundial da Juventude. O papa tem buscado marcar bem algumas questões por meio do exemplo.

Ele tem sido bastante veemente em alguns pontos. Lembro-me de quando me telefonaram de Brasília para demonstrar descontentamento com o carro que o Santo Padre ia usar no Rio de Janeiro. Diziam que era perigoso, que era aberto... Era preciso convencê-lo a vir em carro fechado. O Papa Francisco não tratou disso diretamente comigo, mas a resposta que recebi por terceiros foi: "Ou eu vou nesse ou não vou." Ou seja: ele é muito tenaz naquilo que ele decide.

Quanto ao bispo europeu, ele foi firme do mesmo modo como foi com os padres de uma tribo africana que não aceitou o bispo que a Santa Sé nomeara para a região porque o prelado pertencia a uma tribo diferente: ou os padres aceitavam o bispo, decretou o papa, ou seriam também afastados. A pobreza, de todo modo, é um dos temas nos quais ele mais insiste. "Uma Igreja pobre para os pobres" é o que o Santo Padre deseja, e o exemplo vem de sua própria vida. Ele criou recentemente o Dia Mundial dos Pobres, a fim de lembrar à Igreja que é preciso colocar o pobre no centro de suas preocupações; ofereceu um almoço para 1.500 necessitados na Sala Paulo VI... Fez questão de atender bem os pobres na Praça de São Pedro, disponibilizando a eles banheiros, lavanderias... São sinais que ajudam a minimizar um pouco os problemas. Não há dúvida, entretanto — e ele o diz —, de que a estrutura mundial precisa ser mudada para que o mundo conviva com dignidade. A Igreja, enquanto isso não acontece, deve ser cada vez mais sinal para a sociedade, deve recordar que faz parte de sua tradição estar junto dos pobres e necessitados.

O Papa Francisco intensificou as atitudes que Bento XVI já iniciara a fim de prevenir e punir os casos de abuso sexual de menores por parte de membros do clero. Houve modificações até no Código Penal utilizado pela Santa Sé. Como é possível superar esse desgaste dentro e fora da Igreja?

Acho que a Igreja foi a entidade que mais legislou com relação a isso. Embora os casos de assédio sexual e de pedofilia se encontrem em maior número fora da Igreja, até mesmo em outras instituições, há por parte de certos segmentos da sociedade o desejo de canalizar para ela toda a culpa e todas as ocorrências do problema. No entanto, infelizmente, houve casos comprovados, e já Bento XVI começou a endurecer a legislação que lidava com isso. Esse endurecimento, que é levado adiante pelo Papa Francisco, tem estimulado as denúncias, as investigações e as punições. Um exemplo das consequências dessas medidas talvez venha da Igreja nos Estados Unidos. Pelo que ouço dizer — e não tenho dados estatísticos comigo —, após todo o trabalho realizado por lá, estão surgindo muitas vocações. Agora, é claro que sempre restam aqueles que ficam batendo, falando... De todo modo, a legislação da Igreja é das mais duras — mais dura que a legislação estatal. Há coisas que o Estado nem sequer considera pedofilia, mas na Igreja o é.

Quando o Papa Francisco esteve no Brasil, pude questioná-lo sobre a evasão de fiéis. Nesse momento, ele assumiu um semblante terno e fez um gesto bonito, dizendo então: "A Igreja tem de ser mãe." Bem, "mãe e mestra" são dois epítetos tradicionalmente associados à Igreja. Quando ela deixou de ser mãe para tornar-se apenas mestra, uma Igreja pontificante? É preciso recuperar uma preocupação mais pastoral?

A questão me parece muito complexa. Não é tão simples detectar os porquês dessa evasão, pois cada tipo de interpretação pode esconder atrás de si algumas ideologias. O que acontece é que nós tínhamos certo número de católicos, mas sem que houvesse acompanhamento e aprofundamento da própria fé. O católico o era mais por tradição, e não porque experimentara a presença da Igreja por perto. Quando começam a surgir grupos religiosos mais próximos, essa evasão começa a aparecer. No entanto, o que se vê normalmente hoje é que aqueles que são de fato católicos e têm certa participação na vida comunitária existem em mesma quantidade. Minto: os números têm até melhorado. Nós estamos ficando com aqueles que realmente participavam da Igreja, que caminhavam e tinham certa formação. Alguns vêm pelos meios de comunicação, cuja capacidade de atingir as pessoas é grande. Vejo que o que faltou foi uma Igreja um pouco mais missionária, que fosse em busca dos católicos não participantes.

Isso toca muito o espírito jesuíta do Papa Francisco, um espírito missionário que opta por buscar não apenas quem está ao lado, mas também aqueles que se encontram longe..

Essa "Igreja em saída" de que ele fala é a manifestação de sua maternidade. Consiste em ir atrás daqueles filhos que estão por aí e muitas vezes são esquecidos. Devido ao número de sacerdotes, que não é suficiente, acaba-se cuidando de quem está mais próximo, de quem já se encontra na Igreja ou na vizinhança, esquecendo-se, porém, dos outros. Muitas vezes, estes só são atingidos de maneira casual, quando, por exemplo, sintonizam alguma estação de rádio ou televisão. Tornam-se, portanto, presas fáceis de quaisquer outras promessas.

Toda essa questão missionária palpita, inclusive, no texto do Documento de Aparecida, cuja redação final o então Cardeal Bergoglio coordenou.

De fato. Ali, ele fala dessa missão permanente no âmbito de toda a América Latina. Não há férias: a Igreja deve estar sempre atuando missionariamente. Esse foi um dos temas marcantes de sua homilia em Aparecida.

Aproveitando a menção a Aparecida: quando Bento XVI esteve em solo brasileiro, disse reconhecer na América Latina uma Igreja com contornos próprios. O que a Igreja deste continente pode ensinar, por exemplo, a uma Europa tomada pelo secularismo e pela ausência de fé. O que essa Igreja, que é também a Igreja de onde sai o Papa Francisco, pode ensinar ao resto do mundo?

Creio que não estamos aqui para ensinar nada a ninguém, mas seria conveniente considerar que nossa realidade é a de uma diversidade muito grande de situações. Entre Belém e Amazônia, entre Rio de Janeiro, São Paulo e Rio Preto... As diferenças são imensas, e estamos falando só do Brasil. Quando mudamos de solo, passamos a viver de acordo com necessidades, preocupações e tradições diferentes. Torna-se necessário se enculturar para poder levar adiante a caminhada. Fazendo isso, é evidente que você pode influenciar outros grupos religiosos, outras regiões do Brasil e do mundo. Nesse sentido, creio que a Igreja na América Latina tem oferecido certo dinamismo importante para essa mudança de época que estamos vivendo.

Esse é o dinamismo da "Igreja em saída", mais uma vez.

Sim, de uma Igreja que não está fechada, que não é autorreferencial, mas que deseja anunciar Cristo aos outros, que sempre busca o bem dos que encontra e, num plano social, um mundo mais justo.

No que diz respeito ao diálogo ecumênico e inter-religioso, o Papa Francisco tem proporcionado momentos marcantes, em consonância com o que se expôs no Concílio Vaticano II. Esteve com líderes judeus, com muçul-

manos, com o patriarca da Igreja Ortodoxa Russa... Aqueles que brigam por causa da fé, por causa de Deus, são temas constantes de suas falas. Esse seria um tema urgente, hoje, no mundo?

O Papa Francisco herda um legado que não é apenas conciliar, mas que de fato passa por Paulo VI, por João Paulo II, por Bento XVI. Ele recebe essa herança e a dinamiza a seu modo, num contexto diferente daquele do Concílio. Estamos vivendo um período de muitas guerras religiosas mundo afora, de muitas intolerâncias, e ele chama a todos para o diálogo, venham de onde vierem. Uma de suas intenções mensais foi a de que os cristãos daqueles locais em que o cristianismo é minoria saibam dialogar com as outras religiões locais. Ou seja, precisamos dar o exemplo de diálogo, de um diálogo construtivo, no qual você não perde sua identidade. O Santo Padre tem feito isso, levando esse princípio inclusive para o plano político, a fim de encontrar caminhos de paz.

Ele demonstrou uma preocupação especial pelos mártires da África, que vêm sendo mortos após perseguições cruéis, com frequência por parte de extremistas islâmicos. Como o senhor avalia isso?

Por Providência de Deus, temos visto várias canonizações de cristãos perseguidos por razões religiosas.

Inclusive aqui no Brasil.

Sim, no caso dos mártires de Cunhaú e Uruaçu, que foram mortos, por motivos puramente religiosos, no Rio Grande do Norte, lá no século XVII. Naturalmente, não é o papa quem cria os mártires, mas tem dado ênfase a eles nesses processos de beatificação e canonização. Isso serve como recordação, entre outras coisas, de que nosso século tem mais mártires cristãos do que no passado.

O senhor já pôde mencionar as atuações diplomáticas do papa no plano político. Entre elas, houve a aproximação entre Cuba e Estados Unidos, a tentativa de diálogo entre o governo da Colômbia e as Farc. O presidente Obama reconheceu de forma muito clara a relevância do Papa Francisco na reaproximação entre os governos americano e cubano.

É uma tradição da Igreja realizar essas arbitragens a fim de contribuir para a paz social e para a paz entre países em situações de guerra. Uma vez que possui essa preocupação pela paz, pelo entendimento entre as pessoas e religiões, o Papa Francisco tem procurado fazer sua parte. A Igreja é competente para fazer a mediação em conflitos porque não é aliada deste ou daquele país, não está comprometida com nenhuma ala das disputas entre as nações. Ela é realmente um personagem neutro, que goza de credibilidade. O Papa Francisco bem o sabe e não tem se furtado a trabalhar nessa direção.

Saiu das mãos do Papa Francisco a primeira encíclica "ambiental", que recebeu o nome de Laudato si'. *Talvez se trate de um documento que só poderia vir de alguém que saiu deste continente que abriga a Amazônia, para a qual um Sínodo especial será dedicado, não?*

A Igreja possui um trabalho muito grande no âmbito do meio ambiente. No Brasil há uma preocupação especial, e já houve Campanha da Fraternidade a respeito de questões ambientais. No entanto, ainda não havia um documento papal. Creio que o papa traz, sim, certa preocupação trazida desde a América Latina, mas não apenas isso: as preocupações ambientais vêm hoje do mundo inteiro, e ele assume um pouco essa missão e procura ver no que pode contribuir. Particularmente, acho que sua contribuição foi de fato eficaz e muito aplaudida pelo mundo afora, um mundo que precisava da palavra de alguém isento, que falasse a partir de uma preocupação real com nosso planeta. O Santo Padre assume posições; houve um ou outro protestando a respeito de questões mais específicas, mas em geral as pessoas se mostraram de acordo em que se trata de uma reflexão importante. Cumpre, agora, que esse documento não fique apenas como lembrança. Mais do que ser citado, é preciso que influencie nossa sociedade, a fim de que o ser humano assuma a preocupação pelo planeta e faça dele um lugar habitável também pelas gerações futuras. A *Laudato si'* mostra que, junto com a salvação do homem, junto com o anúncio de Jesus Cristo, a Igreja também se preocupa com o dia a dia.

Trazendo, já como conclusão, um tema premente: o Santo Padre vem falando muito sobre a corrupção. Na mensagem que nos enviou por ocasião dos trezentos anos da descoberta da imagem de Nossa Senhora Aparecida, voltou a tocar no assunto. Como os recados do Papa Francisco chegam ao Brasil, cujo momento político é delicado?

O Papa Francisco vê um pouco do mundo todo. Sabe como ninguém as coisas que o homem acaba sofrendo, em alguns países, devido à má administração dos políticos, à corrupção, aos desvios financeiros... Desse modo, ele pode falar de maneira genérica ou diretamente às regiões em que o problema se evidencia de maneira especial. Em suas mensagens ao povo brasileiro, ou na ocasião em que foi instalada uma imagem de Nossa Senhora Aparecida nos jardins do Vaticano, ele pôde comentar o modo como os pobres sofrem em virtude da desordem de alguns — ou de muitos. É essa a nossa realidade, a realidade que o papa denuncia, e precisamos mudar nossa cultura em relação a isso. Devemos aprender desde crianças o que é direito, de tal maneira que seja possível criar uma geração capaz de mudar o país. Temos uma cultura inteira impregnada. Mesmo com tantos julgamentos, não há novidade. As coisas continuam da mesma forma. Tudo isso faz parte do agora, e repito: temos de criar uma mentalidade para o amanhã que impeça novas ocorrências. É esse o grande trabalho que a sociedade tem pela frente. A Igreja faz sua parte, mas ela é uma voz em meio a tantas outras. Levar vantagem em tudo não pode ser uma regra para a nação, e sim o colocar-se a serviço do outro, preocupar-se com o outro, compreender bem as próprias responsabilidades e aquilo que cabe a si mesmo.

No Rio de Janeiro, isso se agrava ainda mais com a violência.

Há violência no mundo inteiro, mas no Rio de Janeiro ela é mais marcante: trata-se de uma herança de trinta, quarenta anos, agravada por situações de governo paralelo...

O senhor mesmo já foi assaltado mais de uma vez.

Duas vezes, tendo ficado no meio de um tiroteio. Essas coisas, além de levar muitas empresas a deixarem o Rio de Janeiro, diminuem o número de visitantes de uma cidade que é turística por natureza. A cidade se empobrece. Ao mesmo tempo, não existe uma solução fácil e única, não existe um passe de mágica, tampouco uma promessa messiânica. Além da questão social objetiva, além da necessidade de trabalho, moradia, educação, faz falta uma mentalidade diferenciada. Sabemos que as drogas existem no mundo inteiro, mas em lugar algum a maneira de funcionamento do tráfico é como no Rio de Janeiro, com essas brigas e disputas por pontos, invasões, armas pesadas... Essas são situações que clamam aos céus, uma vez que o povo fica refém, sem poder sair de casa, voltar para a família depois de um dia de trabalho. Para uma solução, parece-me necessária uma união de todos os governos, em todos os níveis. Por mais que o problema seja aqui, muita coisa depende também do governo federal, dada a entrada de armas e drogas no país.

E o governo do Rio de Janeiro, para piorar, vive uma situação extremamente delicada. Falávamos da corrupção: o poder constituído no Rio é a todo momento fonte de escândalos.

Ele está fragilizado em tudo, e ao mesmo tempo não tem dinheiro para resolver suas questões. Trata-se de uma situação muito difícil, mas a gente não pode deixar de continuar buscando soluções. É claro que muita coisa não se resolve em curto prazo: a situação existe há décadas! De todo modo, essa cultura da honestidade, da responsabilidade, deve estar muito presente no projeto de cada um, pessoalmente. Devemos sentir isso em nosso coração. Caso contrário, essa cultura perdura — a cultura da propina, da compra de soluções... Nesse sentido, acho que a Igreja tem se preocupado em marcar presença junto às pessoas. Temos paróquias em todos os cantos, em todas as favelas. Podemos suscitar nessa gente a esperança de que é possível mudar as coisas, transformar as situações.

Dom Sérgio da Rocha

O arcebispo de Brasília, Cardeal Dom Sérgio da Rocha, recebeu-me em sua casa na chuvosa manhã do dia 11 de novembro de 2017, um sábado. A residência episcopal fica localizada no Lago Sul, bairro nobre de Brasília, mas seu interior é espartano. Todo o mobiliário é muito simples.

O cardeal me recebeu pessoalmente. Sem funcionários naquele dia, pediu desculpas pelo tempo que me fizera esperar antes de abrir a porta. Dois anos antes, eu estivera ali, naquele mesmo local, pela primeira vez, também para uma conversa com Dom Sérgio e também sob o ambiente de informalidade e sinceridade que passaram a marcar nossos encontros esporádicos.

Antes mesmo de conhecê-lo, eu já havia recebido muitas referências sobre o arcebispo de Brasília. Integrantes e assessores da CNBB sempre destacaram sua sólida formação teológica. Dom Sérgio logo se tornou referência no episcopado brasileiro para questões doutrinárias. Durante quatro anos, foi o presidente da Comissão Episcopal Pastoral para a Doutrina da Fé da entidade.

Em 2015, Dom Sérgio foi eleito para presidir a Conferência Nacional dos Bispos do Brasil. Isso me parecia justificar a recomendação do Cardeal Dom Raymundo Damasceno Assis, ex-presidente da CNBB e arcebispo emérito de Aparecida, que sempre me dizia para prestar atenção àquele jovem arcebispo de Brasília.

Dom Sérgio foi nomeado para o cargo em 2011, pelas mãos do Papa Bento XVI; ocuparia, portanto, um lugar que fora de Dom João Braz de Aviz, cardeal que hoje atua no Vaticano, à frente da Congregação para os Institutos de Vida Consagrada. Os padres que exercem seu ministério em Brasília costumam destacar a forte atuação pastoral de Dom Sérgio, cujo lema é "Tudo na caridade". Naquela manhã de sábado, a propósito, ele ainda iria almoçar numa das comunidades mais pobres da capital brasileira.

Foi desde muito cedo que Dom Sérgio passou a ocupar cargos importantes na hierarquia da Igreja. Em 2001, foi nomeado bispo auxiliar de Fortaleza pelo Papa João Paulo II. Já no pontificado de Bento XVI, em 2007, passou a comandar a Arquidiocese de Teresina. A passagem por duas arquidioceses simbólicas do Nordeste fez com que Dom Sérgio passasse a se identificar com a região e a se considerar também um representante nordestino na CNBB.

Já no pontificado do Papa Francisco, participou do Sínodo dos Bispos sobre a Família, que aconteceu no Vaticano em 2015. De alguma forma, foi percebido pelo Sumo Pontífice. Um ano depois, em 2016, seu nome figurou na lista de novos cardeais.

O anúncio do consistório com o nome de Dom Sérgio não pegou o episcopado brasileiro de surpresa. Apesar de Brasília não ser considerada uma sede cardinalícia, a visibilidade conquistada rapidamente pelo jovem arcebispo, que na ocasião completara apenas 57 anos, o credenciava para ser o segundo cardeal brasileiro criado por Francisco. O primeiro fora o arcebispo do Rio de Janeiro, Dom Orani Tempesta, em 2014.

O próprio Dom Sérgio destaca esse movimento do Papa Francisco para intensificar a chamada internacionalização do colégio cardinalício. "Temos, antes, a Igreja valorizando a sua presença no mundo inteiro, isto é, dizendo que uma igreja local não é mais importante do que aquela de um país menos conhecido." Também reconhece que essa mudança de perfil pode interferir no próximo conclave: "Agora, é claro que isso deverá se refletir no próximo conclave — muito embora eu espere que o Santo Padre possa continuar ali por muito tempo, como já pude dizer pessoalmente a ele: 'Aguente firme! Vá em frente!'"

Dom Sérgio costuma relatar com extrema simplicidade os encontros com o Papa Francisco nas viagens periódicas a Roma. Certa vez, foi surpreendido ao fim de uma reunião no Vaticano. Já andava pela rua quan-

do um carro parou ao seu lado. Do lado de dentro, era o papa oferecendo--lhe carona.

Nesta longa entrevista, o arcebispo de Brasília também enfatiza a fala crítica do Papa Francisco contra a corrupção. "Especialmente sobre a corrupção, o Santo Padre enviou uma mensagem para os jovens que estavam em Aparecida há pouco tempo, exortando a que não se deixassem levar por ela. Sem dúvida, a corrupção no Brasil é conhecida por toda parte, e chego a ficar constrangido: no mundo inteiro, onde quer que eu esteja, a primeira pergunta que me fazem diz respeito à corrupção", ressalta, completando em seguida: "Já pude repetir uma expressão do Papa Francisco em que ele fala que a corrupção mata, e mata especialmente os mais pobres, dado que tira deles os recursos que lhes são mais necessários. No Brasil, penso que seja esse o efeito mais perverso da corrupção. Nosso povo mais pobre, ele sobrevive porque Deus permite e porque as pessoas são solidárias."

Dom Sérgio, comecemos "do início", como se diz. Como é que o senhor descobriu sua vocação sacerdotal?

Tive a graça de ter, desde a infância, participação na vida da Igreja. Minha família me deu minha base religiosa, mas meus pais nunca ficaram me motivando a ser padre — nunca. Alegraram-se e me animaram, apoiaram-me, mas eu vim a descobrir mesmo a minha vocação participando da comunidade. Integrava alguns grupos, cheguei a ser catequista. Fui assim discernindo a vocação.

Isso é muito importante porque não é só o que se passou comigo: acontece muito hoje. Há esta ideia — que é verdadeira — de que a família deve ser o berço das vocações, mas nem sempre isso acontece. Hoje a comunidade, uma comunidade cristã, comunidade católica, é essencial. Um vocacionado hoje deve participar da vida da comunidade para poder ingressar no seminário. Eu diria que a comunidade eclesial, a paróquia ou o movimento se tornam espaço de discernimento obrigatório. No meu tempo o acompanhamento era menor.

No meu caso, ingressei no seminário já com 18 anos, tendo trabalhado durante anos para contribuir com meu lar, que era muito pobre. Naquele tempo, eram sete anos de formação, e com 25 já fui ordenado padre.

Qual é o maior desafio, na sua opinião, da "carreira" eclesiástica hoje?

Eu não usaria a expressão "carreira", naturalmente, mas optaria por "caminhada vocacional" ou "caminhada sacerdotal". De todo modo, hoje é muito difícil responder a essa pergunta porque depende muito de cada pessoa, pois as sensibilidades são diferentes.

Para alguns, pode ser que se trate do próprio universo pastoral, tão plural. Por exemplo, algo que preocupa hoje é como alguém consegue dar conta dessa multiplicidade de condições que estão aí: há os mais pobres, os universitários, as classes mais altas, a juventude, a criança...

E tudo levado por um imenso ritmo de comunicação, como é este de hoje. Portanto, para alguns a pastoral é o mais difícil.

Para outros, pode ser a convivência com o próprio clero, no seio da igreja local. Isso nem sempre é fácil. O padre não é padre isolado; hoje não se sustenta aquela imagem do padre que vai para uma paróquia e se vira lá. Atualmente, é muito mais forte o relacionamento fraterno e a convivência fraterna. O sacerdote participa de muito mais reuniões e celebrações do que antigamente. Por vezes, não é fácil conviver em um grupo de padres com diretrizes comuns, seguindo o que antigamente se chamava de obediência ou caridade sacerdotal.

Por fim, há ainda as questões de ordem mais pessoal. Pode custar a alguns a vivência, por exemplo, do celibato tal qual a Igreja o propõe. Isso não quer dizer que não se viva essa disciplina, mas para alguns isso é um peso maior e, para outros, menor. Outros terão mais dificuldades para atender às necessidades da Igreja e a obediência... Em suma, acho que é muito difícil apontar uma única dificuldade. Assim o percebo.

O senhor menciona a vivência do celibato, o que me dá a oportunidade de remeter à possibilidade de ordenação de homens casados para ajudar nas regiões em que há ausência de padres. Fala-se, de modo especial, na Amazônia. Na opinião do senhor, há chances de essa medida evoluir?

Bem, o que nós temos manifestado ao Papa Francisco — e digo "nós" porque isso surge com certa frequência — é a preocupação com o atendimento das comunidades que carecem de sacerdote, de modo especial o grande número de comunidades na Amazônia que não têm a assistência de padres. Isso tem sido manifestado, e creio que seja um dado compartilhado por grande parte do episcopado, ao menos pelos que conhecem a realidade de regiões que padecem do mesmo problema.

O Santo Padre não trata diretamente do assunto, mas tem insistido em duas maneiras de atender a essas comunidades. A primeira é a valorização dos ministérios leigos. Mais de uma vez, ele já nos disse para avançarmos nisso, inclusive no que diz respeito ao ministério da

Palavra, necessidade premente no Brasil. Desse modo, temos o ministro do batismo, o ministro do matrimônio... Devem ser valorizados junto com aqueles mais comuns, como o da Sagrada Comunhão, os catequistas, entre outros.

Além disso, o papa vem insistindo, e com muita razão, nos diáconos permanentes. Sempre diz que a Amazônia deve contar mais com os diáconos permanentes, e nesse caso com uma formação adaptada às condições locais, que impedem a formação diaconal segundo o modelo convencional. É preciso que o diácono tenha esse "rosto" amazônico, que venha dali, compartilhe a herança local. Obviamente, a Igreja no Brasil é estimulada a ser solidária com a Amazônia.

De todo modo, creio que, se o papa julgar oportuno, poderá colocar em pauta o tema da ordenação de homens casados, mas nas audiências com a presidência da CNBB nada surgiu. Ao menos até o momento. Além disso, muitos têm falado do Sínodo da Amazônia como se seu objetivo fosse resolver essa questão. Sua razão de ser, porém, é a evangelização da Amazônia, a presença da Igreja ali. Penso, então, que a Assembleia Sinodal deve ser pensada segundo o que o próprio papa está indicando em relação a dois grandes campos: o campo da presença da Igreja como evangelização, como ação missionária, e o campo socioambiental.

Para além da Amazônia, o senhor acha que o Papa Francisco poderia reabrir a discussão sobre uma possível suspensão — parcial, que seja — do celibato sacerdotal?

Olha, o papa, como nós bem o sabemos, é muito aberto à discussão e à reflexão de temas significativos para a pastoral, para a evangelização, para a vida da Igreja. Penso, porém, que não tenho condições de ir além disso que estamos conversando. Não sou cardeal há muito tempo, e minha proximidade com o papa vem das audiências. Ele, é claro, nem tem condição de ficar nos atendendo a todo instante, conversando. De todo modo, minha impressão sincera é de que o Papa

Francisco é pela busca sincera e reta do bem da Igreja, do melhor atendimento possível às situações da Igreja.

No entanto, não creio de maneira alguma que o papa venha a relativizar o celibato. Sua postura tem sido a tradicional postura de valorização do celibato e a manutenção da disciplina eclesiástica atual. Agora, se vai haver exceção a isso, já me seria difícil prever. Não posso deduzir, nesse campo, nada que não venha do que o Santo Padre tem dito.

De todo modo, esse é um tema sempre muito delicado, muito complexo. Sobretudo porque não tem só que ver com o passado da Igreja, com sua Tradição, mas também com o momento presente, com a repercussão real que teria. Quando um papa responde à necessidade de atender melhor à Amazônia, quando enfatiza o papel dos leigos e diáconos, está tentando no mínimo ampliar o leque de reflexão e de respostas, uma vez que só ter padres em grande número por si só não resolveria, ainda que houvesse sacerdotes com os perfis adequados. A questão, pelo que vejo, vai muito além. Qualquer que seja o caso, noto que agora não se percebem passos rumo à suspensão do celibato sacerdotal. A insistência tem recaído, antes, na pluralidade de ministérios da Igreja e na qualificação do próprio clero, que precisa ter um coração missionário.

Some-se a isso a criação de uma comissão para estudar a possibilidade do diaconato feminino, o que teve certa repercussão na mídia...

Foi de fato criada uma equipe, uma comissão para estudar isso. Como eu disse, o papa não tem receio de temas que possam ser delicados ou complexos, mas que são significativos para o bem da Igreja. O surgimento desse assunto está relacionado à valorização da presença da mulher na Igreja, que, além de auxiliar em questões menores, deve assumir a condição de sujeito eclesial.

No entanto, já ficou bem claro que não se trataria de um ministério equivalente ao do sacramento da Ordem, que só cabe aos homens. Fala-se portanto de um serviço, de uma posição que não exerceria as mesmas funções do diácono. Muito se discute o que se entendia por "diaconisa" nos primórdios do cristianismo, no que isso consistia, e o que é certo é que não se tratava do diaconato tal como é hoje, com o serviço da palavra, do altar e da caridade. Nesse caso, o nome "diaconisa" pode induzir à confusão, pois estaria longe de ser uma participação no sacramento da Ordem.

São João Paulo II o fez bispo; Bento XVI, arcebispo; o Papa Francisco, cardeal. Eu lhe perguntaria sobre as características de cada uma dessas grandes figuras da Igreja, bem como sobre os encontros e as diferenças entre os pontificados.

Penso, em primeiro lugar, que há o modo de ser, o jeito, a personalidade de cada um deles. Ninguém pode negar que nós, bispos e padres, nos expressamos diferentemente: nem todo mundo tem, de maneira natural, um sorriso largo como o do Papa Francisco. Há quem seja expansivo, há quem seja tímido e recolhido. No caso dos papas, essas diferenças de temperamento são muito claras, mas não são tão relevantes assim. Devem ser acolhidas e respeitadas.

No que diz respeito à maneira de exercer o pontificado, há também jeitos e marcas distintos, embora com isso não se deva entender que se trata de coisas que devem ser contrapostas. Há hoje esse grande problema: a partir da diferenciação, faz-se contraposição. Com os papas, é preciso redobrar esse cuidado. A diferenciação deve servir para valorizar cada pontífice.

No caso de João Paulo, todos comentam, e com muita razão, sobre sua facilidade em lidar com multidões. Era um homem de muita naturalidade quando diante de grupos grandes. Pessoalmente, cheguei a participar de uma das visitas *ad limina*, e era também muito atencioso no trato pessoal. Seu pontificado também foi muito longo, e por isso foram variadas as suas características teológico-pastorais. Eu destacaria dois aspectos: a ênfase na Igreja-comunhão, numa Igreja que acolhesse a grande pluralidade de carismas e ministérios, de movimentos eclesiais e tantas outras iniciativas que sempre fervilham. Não há nisso, é claro, contraposição a outras noções eclesiológicas, como a do "povo de Deus" do Papa Paulo VI, e sim uma acentuação específica da comunhão, da unidade desse povo. Depois, há o aspecto da Nova Evangelização: João Paulo II de fato se dedicou bastante a essa nova chamada, foi ele quem deu ênfase a novos métodos, novas expressões.

Sobre o Papa Bento XVI, todo mundo conhece realmente seu perfil de grande teólogo. Os escritos dele são preciosos, e de tal maneira que estamos para publicar no Brasil sua obra completa. Como papa, conservou-se o grande teólogo de sempre, e além disso era um homem extremamente agradável, atencioso no trato com as pessoas, de uma atenção muito grande.

Era mais discreto...

Sim. Com o povo era mais tímido, mais recolhido, mas foi também um homem que nunca se negou a estar onde precisasse estar, nas situações mais diversas e difíceis... Sua maneira teológica de falar, de se comunicar — creio que isso teve um enorme peso.

Em Francisco, é claro, saltam aos olhos a espontaneidade e a misericórdia. Bem, esses são traços típicos de todos os papas, mas no atual essa simplicidade no trato e na fala traduz, em minha opinião, sua simplicidade interior. O modo de se vestir, a maneira de ele viver, de morar — em tudo isso há uma marca muito grande de simplicidade.

Ele trocou os aposentos papais pela Casa de Santa Marta...

Sim. Mas essa simplicidade não é só pessoal. Ele a propõe para a Igreja toda: na liturgia, na vida dos padres, dos bispos. Sua misericórdia, ademais, se traduz em seu amor concreto aos pobres, aos que mais sofrem. Ele é um grande defensor dos mais desvalidos, dos sofredores, dos excluídos, dos imigrantes, de gente que não recebe a devida atenção no mundo. É o jeito do pastor, presente em todos os pontífices, mas ainda mais acentuada nele.

Francisco, como o senhor disse, tem essa forma própria de se comunicar, mas o próprio João Paulo II já havia mudado a forma de comunicação do Santo Padre e da Santa Sé como um todo.

E há ainda as viagens...

Exato: as viagens internacionais foram uma marca de seu período na Sé de Pedro. Nunca um papa viajou tanto, nunca beijou tantos solos diferentes. Qual o impacto disso para a Igreja Universal?

Certamente um impacto forte, pois as pessoas esperam o pastor próximo. Isso ocorre nas paróquias e dioceses: você quer o padre muito perto, e com razão; você quer o bispo mais próximo... Portanto, a Igreja no mundo inteiro também se alegra quando o papa vem ao encontro do seu rebanho. Essa "Igreja em saída" de que hoje o Papa Francisco fala encontrava em João Paulo II uma expressão concreta. E é particularmente significativa a imagem dele beijando o solo de onde estava. Mostrava, assim, que não se tratava de uma mera presença, mas de alguém que se sentia participante da vida daquele povo, que reconhecia com afeto o valor da cultura e da Igreja local, o valor do seu povo. Esse é um gesto de afeição de quem deseja se fazer próximo, se fazer irmão. São João Paulo II nos fez pensar o papado também fora de Roma, um papado no mundo. E isso prosseguiu com seus sucessores. Veja aonde está indo Francisco...

Esteve na Bolívia, visitou presídios...

Pode-se recordar, por exemplo, o papa na Ásia, visitando países que tradicionalmente não têm maior expressão. Não se trata de visitar apenas potências. Talvez seja até o contrário.

Palpita o caráter do jesuíta missionário...

Sim, mas acho que é mais do que isso. É claro que o coração jesuíta do papa deve, nessas horas, pulsar como coração missionário. Ele já fazia o mesmo como bispo, em Buenos Aires — já se dirigia aos mais pobres, valorizava os mais pobres. Hoje, quando trata da "Igreja em saída", está mostrando que o papa, e portanto a Igreja inteira, tem que olhar para os que não são olhados. A escolha de cardeais segue o mesmo pensamento, bem como as viagens, como dissemos. Observa-se que o papa tem escolhido nomes do mundo todo, o que expressa bem essa preocupação de Francisco com aqueles que não contam. Muita gente só descobriu que certos países existiam depois da nomeação de certos cardeais. "De onde é esse homem? Que lugar do mundo é esse?"

São muitas regiões "periféricas", e às vezes sedes tradicionalmente cardinalícias não recebem o barrete.

Sim, é precisamente isso o que estou dizendo. O Santo Padre é muito coerente, muito fiel. Não é alguém que diz valorizar os pequenos, mas depois não o faz efetivamente. Essas escolhas são exemplos concretos, expressões práticas do seu discurso. Creio que essa é uma das coisas que levam o Papa Francisco a ser muito respeitado.

Temos então um Colégio de Cardeais mais internacionalizado. O senhor acha que, com isso, deve haver intensificação das mudanças quando de um próximo conclave?

Já está se configurando um colégio cardinalício mais plural em termos de representação. A internacionalização já havia começado muito antes, mas se intensificou com Francisco. Creio, porém, que não se trata de uma atitude voltada simplesmente para a Cúria ou para o futuro papa, isto é, para o conclave. Temos, antes, a Igreja valorizando a sua presença no mundo inteiro, isto é, dizendo que uma igreja local famosa não é mais importante do que aquela de um país menos conhecido. Nesse caso, não se deve falar apenas em termos de geopolítica, de economia internacional, mas também da Igreja. Quando, portanto, o papa intensifica a internacionalização do colégio cardinalício, não o faz, a meu ver, como gesto que tem em vista um conclave ou algum aspecto curial ou "burocrata". Ele é sobretudo eclesial, eclesiológico.

Agora, é claro que isso deverá se refletir no próximo conclave — muito embora eu espere que o Santo Padre possa continuar ali por muito tempo, como já pude dizer pessoalmente a ele: "Aguente firme! Vá em frente!"

Muita gente não esperava que fosse ele...

Sempre acreditamos, pela fé, que é o Espírito Santo quem age no conclave, e o Papa Francisco é um sinal de que foi o Espírito Santo mesmo que o escolheu. Não pela sua situação como arcebispo de Buenos Aires, pois era alguém exemplar, uma referência, e sim pela idade que tinha à época. Bento XVI renunciara por causa de sua idade ou limitação de saúde, e tudo isso criou a expectativa de termos um papa mais novo. E então vem Francisco... Não está sendo um papa de transição, mas vem renovando a vida da Igreja de uma maneira extraordinária.

Voltando à internacionalização: não há como prever, portanto, de onde virá um futuro papa.

Mas Francisco mesmo reconheceu ser um papa vindo "do fim do mundo". Talvez seja plausível esperar um novo papa da periferia da Igreja.

O que o Papa Francisco falou em Aparecida me parece ser uma regra para a vida da Igreja: "Deus surpreende sempre." Quando a gente pensa que as coisas estão encaminhadas de um jeito, Deus nos surpreende, e nós temos de olhar isso a partir da fé. Acho mesmo que a chamada internacionalização do Colégio dos Cardeais, o fato de serem valorizados regiões e países ditos periféricos na atual geopolítica, sinaliza a possibilidade de vir um cardeal de onde menos se espera. Mas os vaticanistas, os "profetas" do conclave, acabam errando feio. Não só ultimamente, mas sempre foi assim. Não foi somente agora que erraram; já erraram nos anteriores. Se formos olhar o que diz a imprensa às vésperas do conclave a respeito dos papáveis...

Não acertam...

Prevalece o antigo ditado segundo o qual quem entra no conclave papa sai cardeal. De todo modo, creio que, mais do que regiões, o conclave olha muito a pessoa. Não adianta vir e olhar o cardeal daqui, o cardeal de acolá... Às vezes, comenta-se o nome de determinado cardeal porque é mais conhecido, porque tem atuação internacional, mas não tanto porque seria melhor para conduzir a Igreja. O Cardeal Bergoglio não era tão conhecido assim — apenas entre nós: foi secretário da Conferência de Aparecida, para a qual deu uma contribuição imensa, mas ele não era alguém que frequentava a Cúria Romana.

É por isso que temos de ser conduzidos pela fé, e não apenas por um discernimento baseado em critérios humanos. Acreditamos que, de alguma maneira, aquele que for eleito é o que Deus está propondo no momento, permitindo que seja o sucessor de Pedro, a fim de contribuir do melhor modo possível com a vida da Igreja, cada um com seu jeito.

Quanto aos cardeais, o importante nesse momento é que cada um procure colaborar com o papa, manifestando a lealdade que ele sempre pressupõe e que de fato se exige. Acho que isso é o que se espera mais: cardeais unidos ao papa, cardeais que colaborem com ele no governo da Igreja. É evidente que alguém pode ter uma forma própria de pensar algumas questões, mas quando o papa define alguma coisa para a vida da Igreja Universal, deve-se acolher sempre com espírito cordial de obediência.

Já falamos de passagem sobre a idade do papa. São João Paulo II foi alguém que viveu muito. Ao final de sua vida, pudemos todos acompanhar seu sofrimento público. O que representou isso para a Igreja?

Temos visto Francisco ressaltar, e com razão, a dignidade de pessoas com limitações físicas, intelectuais, gente que não tem mais condição de ter uma vida normal... Aquilo que o Santo Padre vem dizendo hoje, São João Paulo II encarnou em sua própria vida. Ele não teve medo de expor a fragilidade. Alguns apresentavam João Paulo II como um pontífice grande, poderoso, cheio de prestígio, mas ele não teve medo de apresentar sua face fragilizada.

Creio que isso ajudou não só a valorizar, dentro da Igreja, aqueles que estão servindo em condições mais limitadas, mas também a valorizarmos quem é descartado na sociedade. Hoje parece que, se não há qualidade ideal de vida, as pessoas não têm mais o direito de viver. Veja as crianças com limitações, com deficiências graves: há quem ache que, por isso, é melhor que elas não vivam, ou então que não apareçam nunca! Ou os idosos, que vão sendo desprezados... João Paulo II defendeu muito bem a vida do início ao fim, independentemente das circunstâncias — e esse é um dos pontos fortes de seu pontificado. Penso, no entanto, que ao se apresentar fragilizado ele mostrou isso de maneira muito concreta.

Além disso, sua perseverança foi um modo de expressar o amor pela Igreja. Bento XVI teve um modo diferenciado de fazê-lo, mas com o mesmo espírito.

O senhor está falando da renúncia.

Falo da renúncia. Quando renunciou, o Papa Bento também expressou o mesmo amor que João Paulo tivera pela Igreja, mas de maneira diferente. São João Paulo II julgou que o melhor modo de amar e servir a Igreja era continuar até o fim. Bento XVI, com o mesmo pensamento, mas sentindo as limitações pessoais, julgou que tinha completado a própria missão, e seria melhor que alguém continuasse seu trabalho.

Foi uma surpresa. Para a Igreja, tratou-se de um gesto inédito. O papa emérito se refere a essa debilidade física que o senhor mencionou, sobretudo

diante das exigências da Jornada Mundial da Juventude no Rio de Janeiro. Ao mesmo tempo, vinham a público grandes dissidências internas da Santa Sé. O que teria mais peso: os aspectos físicos ou a governabilidade?

Olha, é muito difícil diferenciar, separar as coisas, pois seriam necessários dados mais concretos. Penso que, nas circunstâncias do mundo e da Igreja à época, ele de fato sentiu o peso das limitações que o impediam de atender a situações relevantes. Bento XVI já iniciara movimentos importantíssimos, inclusive no combate aos abusos cometidos por parte de padres no campo da pedofilia. Não há como saber ao certo o quanto as dificuldades da Cúria tiveram influência em sua decisão. Eu diria, porém, que o que conta mesmo é o papa, diante desse contexto, julgar humildemente que já não tinha mais condições de satisfazer o que de fato ajudaria a Igreja. O caso do Rio de Janeiro mostra isso. Por mais que fosse limitando suas atividades, Bento XVI não poderia deixar de viajar, de participar de grandes audiências, de estar com o povo, de presidir grandes celebrações...

Esse gesto do Papa Ratzinger abre espaço para um limite de idade — de 85 anos, por exemplo?

Olha, não creio que isso esteja em pauta hoje. Acho que nem mesmo o Papa Francisco vá fazer igualmente.

Mas daria mais conforto para os próximos pontífices...

Naturalmente, se um papa viesse a se encontrar em situação semelhante à de Bento XVI, teria um precedente que diminuiria o impacto. Agora, não se pode dizer que a partir disso os sucessores de Pedro escolherão renunciar quando em determinadas circunstâncias. É claro que, se um papa viesse a desenvolver uma dificuldade grande, uma limitação grande de caráter intelectual ou parecida, certamente cogitaria uma atitude assim, e aqueles que estivessem com ele provavelmente o ajudariam em seu discernimento. De todo modo, trata-se sempre de um gesto livre, como Bento XVI já mencionou várias vezes. Se um pontífice futuro viesse a renunciar, não seria por norma. Nesse momento não se cogita a imposição de qualquer limite — ao menos nunca chegou ao meu conhecimento. Na minha opinião, não é sequer condizente com o próprio ministério petrino, com o serviço que ele presta à Igreja.

Como estamos falando de Bento XVI, me vem à mente o conclave de 2005, que o elegeu. Na opinião do senhor, sua escolha não teria sido uma postura de conforto, uma opção por um papa de continuidade? Na Missa Pro Eligendo Pontifice, *que antecedeu o conclave, ele falou, ainda como cardeal, sobre a atual "ditadura do relativismo". Houve quem avaliasse que essa era uma espécie de linha que acabou por definir a sua eleição.*

Naturalmente, já faz tempo que ocorreu o conclave, e além disso não tenho tantos dados sobre ele para lhe responder. O que eu gostaria de ressaltar, porém, é que o Cardeal Ratzinger era um grande colaborador de João Paulo II, e é evidente que não se pode entender a eleição dele como oposição ao pontificado anterior. Nesse sentido, fica claro que não se queria perder as grandes linhas do pontificado de São João Paulo II.

A primeira coisa que Bento XVI fez após eleito foi se apresentar como um humilde operário da vinha do Senhor, e isso não é pouco. Ele poderia ter dito outras coisas — que era um humilde sucessor de Pedro, não sei. Prefere, no entanto, ser o operário da vinha do Senhor, identificando-se com o trabalhador. Ele resgatou o perfil da "vinha". Depois, foi uma grande surpresa sua primeira encíclica. Mesmo depois de tantos anos trabalhando com fé, com doutrina, ele começa falando sobre o amor. A *Deus caritas est*, onde ele trata da relação entre *eros*, *philia* e ágape, chegou a causar certo furor, pois o papa falava em *eros*! E então, na segunda parte, que embora tenha ficado mais esquecida, tem maior peso, Bento XVI define a Igreja como comunidade de amor. Para haver a Igreja precisa haver sacramento, muito bem; para haver a Igreja precisa haver a palavra, certamente; mas, antes de qualquer coisa, precisa haver a caridade, e a esse terceiro ponto nem todos dão a devida atenção. De certa forma, Bento XVI diz: "Como uma comunidade que celebra a Eucaristia pode admitir que haja, entre ela, quem passe necessidade?" A maioria certamente esperava que o pontífice fosse falar sobre fé, sobre a verdade, mas ele fala disso como amor. A primeira encíclica de um papa costuma ser programática.

Como teólogo, Bento XVI sempre deu uma apresentação muito clara à doutrina da Igreja. E já mencionamos a humildade e o amor à Igreja que estiveram por trás de sua renúncia, uma decisão que deve ter sido dificílima. Acho que é preciso valorizar a figura dele, pois às vezes só se fica procurando possíveis limitações no pontificado.

E então, após a renúncia, tivemos o conclave de 2013, que elegeu o Papa Francisco. Dessa vez, houve um sentimento de mudança? Já falamos da surpresa que foi, mas o clima seria o de novos tempos?

Não sei o que diriam aqueles que participaram do conclave. Segundo o que sentia a respeito do clima na Igreja, os que optaram por ele como sucessor de Pedro souberam expressar um desejo muito grande de renovação da vida eclesial — e essa renovação não consiste em negar dados que tenham a ver com a doutrina ou a disciplina da Igreja, mas em sua presença, no modo de ver a missão da Igreja no mundo de hoje. Penso que é semelhante ao que ocorreu lá no Vaticano II, a necessidade de uma atualização, ao menos em termos de pastoral e evangelização. Fala-se ainda, e isso não é algo que se possa dar como certo, de um grupo grande que desejava a renovação da estrutura da Cúria.

Penso, portanto, nesses dois motivos: a renovação pastoral ou missionária da Igreja no mundo, com respostas que correspondam melhor às necessidades de hoje, mas sem negar o seu patrimônio doutrinal; e a renovação interior da Cúria Romana, que segue em andamento...

E o senhor acha que o Santo Padre conseguiu implementar tais mudanças após esses anos à frente da Igreja?

O tempo transcorrido é pouco. A Igreja possui uma história milenar, e não é fácil dar passos rápidos numa instituição espalhada pelo mundo inteiro. De todo modo, Francisco fez avanços significativos. Por exemplo, a simplicidade com que o papa procura viver e testemunhar a fé se reflete na vida da Igreja cada vez mais. Não digo que a Igreja, por causa dele, já consegue viver inteiramente a simplicidade evangélica, mas isso cresceu. Do mesmo modo com a misericórdia: a atenção aos mais pobres sempre existiu, é claro, mas o Ano da Misericórdia veio revigorar as pastorais sociais, as obras de caridade... E poderíamos falar ainda da questão socioambiental, entre tantas outras. Demos passos.

No que diz respeito à Cúria, também houve progressos. O Santo Padre criou novos dicastérios, reunindo num só vários outros que já existiam. Seu objetivo é crescer em organicidade, simplificar a estrutura, favorecer a comunhão. No fundo, percebemos que a reforma que Francisco quer é sobretudo de caráter espiritual.

O senhor recordou Bento XVI falando de si mesmo como operário da vinha do Senhor. O Papa Francisco, por mais de uma ocasião, definiu-se como pecador. Na situação atual da Igreja e do mundo, tratar-se-ia de um recado?

Eu penso que sim. E o Santo Padre não é alguém só de palavras. Ele de certo modo assustou um confessor da Basílica de São Pedro quando, no Dia da Misericórdia, se aproximou do confessionário. O cerimoniário certamente esperava que ele fosse entrar num dos confessionários para atender quem viesse, mas o que Francisco fez foi se ajoelhar para confessar-se. Foi muito espontâneo. É evidente que o papa se confessa com frequência, como todos os papas, mas aquele gesto estava sendo visto pelo mundo inteiro e tem um alcance muito grande. Se a gente não se reconhece pecador, também não caminha, não melhora, não se converte. O padre não está dispensado disso nem o papa. Já no início de cada Missa nós pedimos perdão.

Francisco é o papa que mais tem pedido: "Rezem por mim." Parece um refrão. Em outubro último, quando estivemos com ele, o Santo Padre confidenciou: "Não pense que eu digo isso por costume ou por dizer. Digo porque eu sinto necessidade. Se Deus não me dá a graça, não me dá a força, não me ajuda, eu não consigo ser o papa. Preciso da oração de todo mundo por mim." Ele se coloca muito próximo das pessoas. Reconhece sua fragilidade, e não apenas a física. Somos todos redimidos por Cristo.

É princípio da Igreja que o papa, qualquer que seja, é infalível em questões de fé e moral. Como o senhor analisa, então, essa reação de parte de um setor mais tradicionalista, formado inclusive por cardeais, em relação ao Papa Francisco? Eles não colocam a questão em termos pastorais.

Acho importante ressaltar, antes de mais nada, que não é nada nova a existência de gente com atitudes críticas com relação ao papa, ou mesmo dificuldades para acolher o que ele diz. Nova mesmo, nesse novo mundo de comunicações extremamente fluidas, é a velocidade com que as reações chegam às pessoas. Uma vez que há grupos muito bem articulados, essa reação vai ganhando enorme destaque, e mesmo não sendo tão grandes eles fazem barulho, sobretudo na mídia. De todo modo, o que predomina na Igreja é precisamente esse espírito de unidade, seja por parte de cardeais, seja por parte do restante da Igreja.

Para mim, ademais, é de lamentar que alguém se manifeste publicamente com críticas ao pontífice. Que se tenha dificuldade de entender ou aceitar algo é contornável; é possível manifestar-se a um papa de maneira respeitosa. Hoje, as pessoas já vão para as redes sociais com críticas muitas vezes ofensivas. Como cardeal, quando vou a Roma não sinto que haja uma espécie de conspiração contra Francisco. Vejo que há manifestações como essas que ganharam publicidade, e eu discordo que se faça alarde assim.

Há pouco se publicou uma carta enviada por quatro cardeais a Francisco, pedindo esclarecimentos sobre alguns pontos da exortação apostólica Amoris laetitia. *A isso se seguiu uma "correção filial" com quarenta signatários, apontando supostamente os erros do Santo Padre...*

É lamentável que alguém entregue para a imprensa uma carta dirigida ao papa — trate-se de cardeal, de um padre, de um leigo... Como eu disse, dificuldades para compreender algum ponto sempre ocorreram e sempre vão ocorrer, mas falar contra o papa não se pode admitir. Não é uma postura de comunhão, de lealdade, não é digna de um cristão. É possível insistir com o papa, conversar com ele ou com alguém que o assessore. No caso de cardeais, isso é ainda mais fácil, pois temos acesso um pouco maior. Não é que estejamos a todo momento com o Santo Padre, mas é possível. O ideal é sempre dialogar.

A motivação dessa carta dos quatro cardeais vem de uma suposta possibilidade, fundamentada na Amoris laetitia, *de ministrar a Sagrada Comunhão a alguns fiéis em segunda união. Como o senhor avalia esse debate?*

Que as pessoas procurem saber melhor o que essa exortação quer dizer é prova de que ela está sendo acolhida e suscitando interesse. O problema, a meu ver, são essas reações críticas que efetivamente não levam em conta o conjunto do próprio documento. Deve-se fazer uma leitura mais integral. O próprio Francisco declara que não é possível lê-lo correndo ou em partes isoladas, debruçando-se apenas sobre o que agrade. Desse modo, se lida em conjunto, o que sobressai na *Amoris laetitia* é a valorização do matrimônio e da família. O próprio nome é positivo, é otimista. *Laetitia* é alegria! O papa está dizendo que o casamento e a família têm suas dificuldades, seus problemas, suas cruzes, mas não pode ser reduzido a isso.

Muitos foram se antecipando em fazer leituras seletivas ou redutivas do texto. Trata-se de um documento com alcance imenso, e ainda não conseguimos colocá-lo inteiramente em prática. O episcopado brasileiro já por duas vezes tratou do assunto em reunião — uma primeira vez, em encontro mais privativo, exatamente quando estávamos reunidos em Aparecida, na Assembleia Geral; e, depois, numa reunião por ocasião da publicação de um texto da CNBB sobre o tema. A chave do que o papa colocou é discernimento, acompanhamento, orientação. Integração, na verdade. Deve-se ajudar a integrar, a participar da vida da comunidade. Esse não é um processo tão simples como alguns dão a entender, e de modo algum o Santo Padre negou o valor do matrimônio indissolúvel, o valor da família — muito pelo contrário. Ele não quer mudar a doutrina, mas deseja uma pastoral que aplique a doutrina da Igreja, o Evangelho, a situações existentes hoje. Em suma, para mim o que houve foi muito mais uma leitura parcial ou redutiva da *Amoris laetitia*. Há mais do que questões ligadas a sacramento ou à vida do casal. Francisco também fala das famílias que estão em situação econômica e social difícil, de famílias fragilizadas, das famílias de imigrantes, famílias que vivem em regiões de conflito... Lamentavelmente, o pessoal ficou com um aspecto só.

O Santo Padre também reforçou o Código Penal da Santa Sé, aumentando a punição contra envolvidos em casos de pedofilia. O senhor recordou que esse movimento já tinha começado com o Papa Ratzinger, mas ainda assim trata-se de uma ferida que demora a cicatrizar. Como a Igreja pode superar essa marca?

Primeiramente, é preciso vigilância constante, pois isso não é algo confinado a um momento. O papa tem insistido, não apenas na punição, mas também na existência de mecanismos que levem de fato os culpados à justiça. Naturalmente, a justiça tem que ocorrer. Justiça é misericórdia para com as vítimas.

Além disso, ele também insiste em que é preciso investir muito mais na formação dos futuros presbíteros, olhando sobretudo as condições humanas do sacerdote. Houve um tempo em que se olhava o padre apenas como um padre-sacerdote, e não de maneira integral, que inclui ser pessoa humana. Isso significa que é preciso cuidar e ajudar o padre em seu amadurecimento afetivo, de modo que ele possa amar como Jesus ama o povo, sem jamais incorrer em situações de desequilíbrio grave, como essas.

Quando entrevistei o Papa Francisco, por ocasião de sua vinda ao Brasil, pude questioná-lo acerca da evasão de fiéis. O Santo Padre disse, então, que a Igreja precisa ser mãe, precisa acolher. É tradicional a expressão de que a Igreja é mãe e mestra. Em algum momento ela deixou de ser mãe para ser apenas mestra, para ditar comportamentos sem uma preocupação pastoral maior?

Eu não poderia dizer que a Igreja deixou de ser mãe. O que vejo, no momento, é que o Papa Francisco vem ressaltando o aspecto da Igreja que é mãe misericordiosa, casa de portas abertas, família acolhedora... O Santo Padre emprega expressões como essas. Creio que são expressões que têm a ver com o ambiente familiar, passando a ideia de que a Igreja é, acima de tudo, uma mãe que acolhe justamente para poder, depois, orientar.

Creio que, em cada fase da história, ela se revelou de alguma maneira mãe e mestra. Neste momento, a Igreja precisa ser esta mãe que vai ao encontro de todos, mas especialmente de quem mais sofre, das ovelhas feridas, sofridas, errantes. Eu diria que estamos precisando de colo, do colo de Deus, colo da mãe, e o Papa Francisco oferece esse colo à sua maneira. A própria imagem dele é agradabilíssima nesse sentido: atencioso, sorridente e simples. Ele abraça, e abraça muito. Na Eucaristia, possui uma maneira de celebrar bastante piedosa, com muito recolhimento, pois é o mistério de Deus que se manifesta ali e é por ele acolhido; mas, terminando a Missa, pode-se vê-lo na Praça de São Pedro em contato direto com a pessoa idosa, com a pessoa com deficiência, seja criança, seja pobre, seja quem for. Eu creio que o papa vem hoje realmente ser sinal dessa Igreja. Essa é uma grande marca do pontificado dele. Naturalmente, é Jesus, em última análise, a nossa referência, mas o papa tem sido um discípulo fiel, uma testemunha fiel do Senhor.

Ele também disse que não tinha autoridade para julgar os homossexuais. Nisso, está alinhado com a parte da doutrina segundo a qual não é possível fazer juízo interior das pessoas, o que cabe a Deus. Ao mesmo tempo, isso parece trazer uma mudança de tom que eu consideraria notável. Como interpretar isso?

Isso passa pelo que eu dizia há pouco. O Santo Padre não está apenas falando em misericórdia, mas expressando isso por meio de gestos muito concretos, como esse que você mencionou. A Igreja procura acolher a todos e valorizar a todos. É claro que a Palavra de Deus é a mesma para cada pessoa, e o papa está longe de não ser fiel a Jesus ou à doutrina de sempre da Igreja. Na verdade, é precisamente por ser fiel a Jesus e à doutrina que ele assume essa postura de abertura fraterna, de acolhida, inclusive no que diz respeito às pessoas homossexuais.

Ao mesmo tempo, é preciso oferecer orientação e ajuda espiritual às pessoas que participam da vida da Igreja. Nós temos uma dificuldade imensa hoje para atender àqueles que buscam orientação, e não digo apenas no campo das pessoas homossexuais, mas de modo geral. Tem havido um movimento de busca, de procura cada vez maior da orientação da Igreja, e os fiéis querem estar em sintonia com ela, querem viver o que a Igreja ensina. Nós estamos precisando criar essa pastoral voltada para as pessoas homossexuais, o que é algo já recomendado em 1986, se não me engano, naquele texto intitulado *Sobre o atendimento pastoral das pessoas homossexuais*, publicado pelo próprio Cardeal Ratzinger. Temos um longo caminho a percorrer nesse sentido de acolher melhor as pessoas, vendo-as antes como seres humanos que devem ser respeitados, valorizados e amados, quer se trate de uma pessoa muito pobre, quer de um morador de rua, quer de um presidiário...

O papa chegou a dizer, em um presídio lá na Bolívia, que poderia ser um deles...

É claro! Depois, ninguém pode esquecer que Jesus passou pela pena de morte da época. Foi julgado injustamente, foi preso. Em outras palavras, Jesus assumiu essa condição. Hoje mesmo o Papa Francisco tem procurado dar uma interpretação renovada à doutrina tradicional acerca da aplicação da pena capital.

O Papa Francisco tem dado ainda uma ênfase muito grande ao diálogo ecumênico e inter-religioso. Ele segue, nisso, o que já fizeram, por exemplo, São João Paulo II, Bento XVI e Paulo VI. O que se pode perceber de novo no pontificado do Papa Francisco? Tivemos um encontro inédito com o líder da Igreja Ortodoxa Russa.

Eu mesmo já me fiz essa pergunta. Graças a Deus, após o Concílio Vaticano II tem crescido a abertura ecumênica na Igreja, embora haja grupos que rejeitem e resistam a isso. Sobre as particularidades do Papa Francisco, eu apontaria primeiro a espontaneidade, a simplicidade na maneira de participar desses momentos. Observa-se menos formalidade e um caráter grande de fraternidade. Todos os outros pontífices também tinham um pouco disso, mas acho que ele o expressa de maneira singular. Em segundo lugar, ele toma a iniciativa — não sai apenas em resposta aos convites. Veja-se a ida dele à Suécia para os quinhentos anos da Reforma. É significativo demais isso! Ou ainda seu encontro com o Patriarca de Moscou em Cuba: o outro já estava lá. Foi o papa quem foi até ele, aproveitando um compromisso seu.

O Papa Francisco deseja cada vez mais crescer nos gestos, seja na relação com Igrejas cristãs, seja na relação com denominações religiosas de outra origem. Observa-se assim o valor que ele dá à unidade.

O senhor mencionou a presença do Santo Padre em Cuba. Francisco ajudou a aproximar Estados Unidos e Cuba. Atuou na relação das Farc com o governo colombiano. Os exemplos são muitos. Esse papel de pacificação diplomática do papa passou a ser muito marcante também. E deu resultado.

Por sua postura, nota-se que ele empreende uma busca sincera e reta da paz e da justiça no mundo. Creio que a autoridade do papa pesa muito nesse momento — e não só por ser o papa, como acontece sempre, mas por ter o peso do Papa *Francisco*. Ele não seria aceito como mediador, ou então sua mediação não teria grande resultado, se não fosse por esse reconhecimento praticamente internacional de sua autoridade moral. E essa autoridade moral vem precisamente de sua coerência. Ele faz aquilo que fala, ensina pelo que faz. As pessoas veem que ele é tão reto, tão sincero, que é possível acreditá-lo. Você não acreditaria num mediador que fosse um "politiqueiro", que agisse segundo motivações e interesses próprios.

Cada vez que o pontífice se dispõe a colaborar na solução de um conflito assim, sempre tem quem não concorde, quem o critique. Na Europa, o papa foi a voz que mais ajudou a promover a defesa dos direitos dos imigrantes, mas muitos países não gostaram disso. Ele se expõe, mas é um homem que deseja tanto a humanidade vivendo em paz que não cessa de criticar duramente, por exemplo, o recurso às armas. Além disso, nem sempre os resultados são satisfatórios para o Santo Padre e para a Igreja. Talvez ele esperasse muito mais em algumas situações. O caso da Venezuela, por exemplo. Penso que todos queríamos mais — não da parte do papa, é evidente, mas do outro lado. De todo modo, a diplomacia vaticana não se mede apenas pelos resultados efetivos ou pelos resultados esperados. A tentativa de diálogo, de conciliação, com certeza traz algum fruto. E os frutos, ademais, vão além do momento imediato. Segundo a fé que nós temos em Deus, Ele pode se servir daquilo que parece um fracasso e tirar disso algo bom. Devemos agradecer a Deus pelo papa ter hoje um papel muito respeitado, muito valorizado.

O Santo Padre tem feito muitas críticas à corrupção. Um dos trechos da entrevista publicada sob o título "O nome de Deus é misericórdia", em que ele chega a tratar desse tema, foi usado até por nossa procuradora-geral quando de sua posse.

Eu estava lá!

Seria um recado também para o Brasil?

Mas é muito claro! O papa tem mencionado a necessidade de superar a corrupção. Não tenho aqui comigo o discurso que ele recentemente fez ao Pontifício Colégio Pio Brasileiro, mas, ao mencionar as dificuldades do Brasil, Francisco praticamente motivava os padres a darem sua contribuição à superação dessas situações, a fim de que não se acomodassem a elas, mas antes ajudassem a criar uma nova cultura, um novo modo de fazer política.

Ele fala do momento triste do nosso país.

Sim, é uma expressão que ele usa. Especialmente sobre a corrupção, o Santo Padre enviou uma mensagem para os jovens que estavam em Aparecida há pouco tempo, exortando a que não se deixassem levar pela corrupção. Sem dúvida, a corrupção no Brasil é conhecida por toda parte, e chego a ficar constrangido: no mundo inteiro, onde quer que eu esteja, a primeira pergunta que me fazem diz respeito à corrupção. Fui participar de uma entrevista coletiva na assembleia do Conselho Episcopal Latino-Americano — éramos três bispos —, e a primeira pergunta que a imprensa internacional dirigiu a mim foi sobre a corrupção no Brasil. É de lamentar.

A Igreja no Brasil tem dado passos a fim de denunciar a corrupção e insistir na ética política, mas o caminho a percorrer é longo. Já pude repetir uma expressão do Papa Francisco em que ele fala que a corrupção mata, e mata especialmente os mais pobres, dado que tira deles os recursos que lhes são mais necessários. No Brasil, penso que seja esse o efeito mais perverso da corrupção. Nosso povo mais pobre, ele sobrevive porque Deus permite e porque as pessoas são solidárias.

Eu estava visitando ontem uma localidade no Distrito Federal e vi a situação terrível de algumas crianças. Crianças! Quando não conseguimos garantir a elas o direito à alimentação, à saúde, à escola, ao lar... Que sociedade é essa? E a gente sabe que muito do dinheiro que está faltando ali foi desviado pela corrupção — e não só no sentido próprio da palavra, mas também com o mau uso do dinheiro. O papa fala muito sobre isso. Eis por que nos exorta, aos bispos e ao clero em geral, a que levemos uma vida simples.

Depois temos, ainda, as políticas públicas de segurança, outro campo delicadíssimo no Brasil. O papa tem falado sempre que o caminho para a paz não é a repressão pura e simples, mas a cada dia estão votando mais leis para colocar gente na prisão. É claro que as penas precisam ser aplicadas, mas essa é a reposta? Não se investe no que evitaria chegar a isso. Esse não é o caminho para a paz. E há ainda aquela turma que deseja liberar armas, rever o estatuto do desarmamento, pois acha que é com as armas que se alcança a paz.

Vão construindo muros.

Está aí a diferença do caminho que o Papa Francisco e a CNBB propõem. Entendo, é claro, a agonia das pessoas. Tem gente que sofreu na própria pele e na pele da família a violência. Eu não as critico. O que estou dizendo é que as respostas do poder público não podem seguir essa linha. Você não pode se pautar só pelo interesse de grupos grandes, de uma determinada bancada. O mesmo acontece na questão indígena, na questão da ocupação de terras... A impressão que se tem é a de que boa parte do Congresso não leva em conta a vida dos pobres. Essa gente vale votos na época da eleição, mas fica por aí.

Nós vivemos um momento muito difícil. Ao mesmo tempo, a resposta não é dizer que a política não vale, que temos de largar disso... Pelo contrário. Devemos valorizar a política, fazer o máximo possível para termos ética, criar mecanismos para isso. Nesse sentido, o Santo Padre nos anima muito. Na CNBB, utilizamos muito seus pronunciamentos.

Já em 2013, para retomarmos o tema da simplicidade, o papa chegou a destituir um bispo alemão que fizera uma reforma milionária em sua casa, que viajava de primeira classe...

E ele estava corretíssimo. Isso tem a ver com o que dizíamos há pouco acerca dos efeitos das reformas de Francisco. Se já pensávamos antes de comprar um carro, de construir uma casa, hoje pensamos ainda mais. Além disso, seguindo o exemplo do papa, vendo os automóveis que ele usa e o local onde mora, precisamos seguir seu exemplo. Afinal, a questão da ética na política, tão em voga, passa também pela atuação de cristãos leigos e leigas que deem exemplo no que diz respeito a essas coisas.

Ainda nesse âmbito da riqueza, nós e o papa estamos muito preocupados com os direitos dos mais pobres no Brasil e no mundo. O Papa Francisco é um defensor de que as pessoas mais pobres sejam incluídas na vida e nas decisões políticas. No Brasil, meu receio não vem simplesmente da possível perda de direitos sociais, que é algo que tem que ser considerado seriamente, mas também da falta de projetos, de políticas públicas... Não há como pensar um país que vai a reboque do mercado, onde só se faz aquilo que é interesse de grandes conglomerados econômicos ou políticos. O papa, nesse sentido, alerta sempre para que não nos deixemos levar por interesses de grandes grupos, seja lá quais forem. Francisco é um dos críticos desse mercado neoliberal, e de tal modo que alguns o criticam por essa posição. Na prática, tem crescido a ideia de que, se você deixa o mercado crescer, a economia se desenvolver, automaticamente os mais pobres e vulneráveis são beneficiados. É a ideia de que você faz a opção pelo grande investidor para poder fazer opção pelos pobres. O pobre vem na esteira, é o que sobra. O Santo Padre deseja que se efetive essa distribuição de bens. A meu ver, o sistema em que nós vivemos pode ter teoria de produção, mas de distribuição não tem, não.

O papel da Igreja no Brasil, unida ao papa, é também denunciar essas situações. Observe que os grupos que criticam a CNBB são os mesmos que criticam o Santo Padre. Eles têm uma visão de sociedade que não só destoa da Doutrina Social da Igreja, mas também carece de muita base. O magistério do Papa Francisco é muito claro. Na exortação apostólica *Evangelii gaudium*, ele critica duramente o mercado, e contra ele se voltou gente sobretudo dos Estados Unidos. Disseram que se tratava de algo ultrapassado. Não é verdade! O papa está falando da realidade.

Agradecimentos

Aos cardeais Dom Cláudio Hummes, Dom Odilo Scherer, Dom Raymundo Damasceno, Dom Orani Tempesta e Dom Sérgio da Rocha, pela confiança neste projeto desde o primeiro momento.

Ao editor Hugo Langone, pelo empenho e envolvimento permanente durante todas as etapas deste livro.

A Lucia Riff, que me deu segurança para voltar a desenvolver um novo projeto editorial.

A Silvia Faria, referência diária do melhor jornalismo.

A Júnia Gama e Tiago Camarotti, presenças permanentes, mesmo quando estou distante.

Direção editorial
Daniele Cajueiro

Editor responsável
Hugo Langone

Produção editorial
Adriana Torres
Pedro Staite

Revisão
Eduardo Carneiro
Thais Entriel

Diagramação
Filigrana

Este livro foi impresso em 2018
para a Petra.